Hilmar Willms

KURVE DES LEBENS

***

Ein spätes Tagebuch

***

Wichtige Hinweise:

- Der Inhalt ist selbst Erlebtes. Es besteht kein Anspruch auf Vollständigkeit oder gar chronologisch Genaues. Es schildert nur Dinge aus meiner Sicht.

- Es liegt mir fern, Vorwürfe zu erheben oder besserwisserisch zu wirken. Falls der Eindruck trotzdem entstehen sollte, lass dir sagen, lieber Leser, es ist niemals meine Absicht.

- Ähnlichkeiten mit lebenden Person sind nicht etwa zufällig, sondern bewusst gewollt.

- Wer Rechtschreibfehler findet, darf sie behalten!

- Das Büchlein ist eine Art Tagebuch voller Erlebtem in Verbindung mit meiner Krankengeschichte.

Bibliografische Information der Deutschen Nationalbibliothek:
Die Deutsche Nationalbibliothek verzeichnet diese Publikation in der Deutschen Nationalbibliografie; detaillierte bibliografische Daten sind im Internet über http://dnb.dnb.de abrufbar.

© 2022 Hilmar Willms, mail to: *h_willms@web.de*

Redigatur: meine Familie, Hildegard Willms-Beyard, Doris Kaul

Herstellung und Verlag: BoD – Books on Demand, Norderstedt

ISBN: 978-3-7568-7969-4

Inhaltsverzeichnis

Vorwort

„Warum ich das alles aufschreibe?", fragst du mich. "Belastet dich der ganze Scheiß nicht jeden Tag aufs Neue in ausreichender Menge?"

Fakt ist, mir ist langweilig! So langweilig, dass ich schon Schräubchen und sonstigen Kleinkram aus meinem Bastelkeller sortiert habe, schön in Schublädchen sortiert, beschriftet; ich finde mich trotzdem nicht zurecht. Egal, wenn der Leser etwas benötigt, darf er gerne vorbeikommen, um sich hier bei mir im Büro an den beschrifteten Schublädchen zu versuchen oder zu laben, ich stehe ihm selbstverständlich mit Rat und Tat zur Verfügung.

Schnell noch dazwischengeschoben: in den Berichten findest du den ein oder anderen Kraftausdruck, der bleibt auch da stehen. Wenn du welche brauchst, druck' dir selbst welche aus. Wenn dich die Kraftausdrücke stören, schmökere doch, wenn du auf Nummer sicher gehen willst, im örtlichen Pfarrbrief, der ist garantiert sauber. Kraftausdrücke spiegeln prima ab und zu meine jeweilige Stimmung in der erlebten Situation wider.

Selbstversuch:

Geh' doch mal vor die Haustür und brülle Kraftausdrücke in den Äther, du wirst sehen, es tut sich was, zumindest wenn gegenüber die Rolläden runterrattern oder vorbeiflanierendes Fußvolk sich kopfschüttelnd an die Stirn tippt. Hoppla, war wohl zu laut!

Langeweile kann ganz schön schwierig werden, wenn die Zeit sich zieht, kommen dunkle Wolken und trüben die Stimmung, man wird depressiv verstimmt, zumindest bei mir, wo ich jetzt genau heute zwei Jahre und 2 Wochen nicht mehr das machen kann, was ich will, weil meine linke Körperhälfte bewegungsunfähig und gefühllos ist (Hemiparese). Diese Stimmung ist fatal, es zieht einen im Innersten so runter, dass selbst der Versuch des Motivierens und Überzeugens seitens der Familie, nichts hilft. Das ist ein Scheiß-Gefühl.

So, nun hat mein Vorgesetzter und Kumpel Steffen an mich gedacht, und mir Beschäftigung verschafft, wofür ich ihm riesig dankbar bin. Und zwar sollte ich mich mit der Firmenwebsite beschäftigen, die galt es zu erneuern mit der Hilfe eines Werbegrafikers im Rücken, das hat schon richtig Spaß gemacht. Und schwupp waren die dunklen Wolken weg. Und dann kam noch eine zweite Website dazu, herrlich. Tja, die Seiten stehen nun, sind fast fertig, ab und zu muss was dran gemacht werden.

Aber es ziehen die ersten dunklen Wolken herauf. Also Gedanken machen: Aktenordner sortiert und schön beschriftet hab ich schon im Frühling, Schrauben...fertig sortiert. Dann mit meiner guten Freundin Gunvor gewhattsappt, ihr habe ich meine Ideenarmut und meine Langeweile zufällig geschildert.

Und sie hat sich richtig viel Gedanken gemacht, unter Anderem wie es wär, wenn ich meine Geschichte aufschreibe? Nicht, überlegen wir, weil sie so toll ist oder spannend, sondern weil jemand aus meinen gemachten Erfahrungen einen Nutzen ziehen kann, oder nicht allein ist mit dem Malheur.

Gleichzeitig tut es mir auch gut, die ganze Story zu rekapitulieren, zu rekonstruieren, zu reflektieren und mir Dinge von der Seele schreiben zu können, und sei es nur ein Kraftausdruck. Vielleicht hilft mir das Niederschreiben auch dabei, die ganze Situation besser zu akzeptieren, daran hapert es nämlich auch noch.

Ein weiterer Grund ist, glaube ich, dass ich meine Erlebnisse dem Leser verdeutlichen kann. "Schau, so war das!" Ich glaube, ich möchte das Büchlein für Freunde und Bekannte schreiben, um mich ihnen mitzuteilen.

Auf jeden Fall ist das Schreiben eine gute Gelegenheit, der Langeweile einen Tritt zu verpassen, das merke ich jetzt schon. Ich bin hochmotiviert und habe des Öfteren acht Stunden am PC gehockt, merke, es macht mir Freude. Mein linkes Auge bedankt sich ob der optischen Anstrengung, mein Rücken schließt sich an. Machste nix. Aber ich will nicht jammern…!

Jedoch den ganzen Kram mit einem Finger zu tippen und mit einem abgedrifteten Auge zu kontrollieren, ist schon eine Herausfordung für die Geduld und die Sinne. Obwohl es mit dem Auge schon ein wenig besser wird. Auf die Tastatur schauen und dann auf den Bildschirm ist, vermute ich, Training. Es klingt noch von damals in meinem Ohr: "Jung, vom vielen Fernsehen bekommt man viereckige Augen!" Na, wenn sie dafür beide an einem Strang ziehen und in dieselbe Richtung schauen, soll es mir recht sein. Ich bin seit 3 Tagen coronapositiv, bin mit jeder Faser meines Körpers positiv, aber es geht mir gut, ich wollte das nur mal erwähnt haben. Isolationshaft ist förderlich für die Ideengebung.

Apropos Geduld, die habe ich in den letzten zwei Jahren und 2 Wochen gelernt, scheiße ja. Jeden Morgen wache ich auf, scanne den Körper hoch und runter, stelle dann das Unvermeidliche fest, dass es wahr ist, dass es kein Traum ist. Dafür ist Geduld auch praktisch, und „Nerve behaale".

Ich bin ungefragt, so nenne ich es gerne, aus der Kurve des Lebens geflogen, und das, obwohl ich beileibe nicht mal auf der Überholspur unterwegs war. Ungefragt, -bamm! Egal.

Jetzt geht's los mit meiner Berichterstattung, fangen wir mal an:

1. Da stimmt doch was nicht

Darf ich uns vorstellen: wir sind die Willmsens, Eva (45), meine Frau, Grundschullehrerin, Mica (13) und Henrik (13), Zwillinge, unsere Söhne und Schüler des Goethe-Gymnasiums St., und ich, Hilmar (44), gelernter Schreiner und Vermessungstechniker, bis zum Renteneintritt 2021 aber Angestellter als Sekretär einer Fahrschule.

Es geht uns gut, bis auf den üblichen Stress, wovon sich keiner freisprechen kann. Ich fahre gerne zur Arbeit, mein Job macht mir Spaß.

Es ging los in den Sommerferien im Aug. 2018. Wir Vier reisten erwartungsvoll in den Schwarzwald nach Wut-öschingen, einem gemütlichen Örtchen in der Nähe des Bodensees in Baden-Württemberg und hausten dort in einer fantastisch schönen Feriendachgeschoßwohnung, wir haben uns da nicht lumpen lassen.

Nach langer Zeit nochmal gemeinsam einen Urlaub, denn bald sind die Kinder groß und fahren eh' nicht mehr mit. Wir haben die Gegend erkundet, waren bei meinem Bruder und seiner Familie in der Schweiz, waren Gäste eines Livekonzertes in St. Gallen, wo meine Nichte

Katharina Keyboard gespielt hat, auf einem schneebedeckten Schweizer Gipfel, dem Pilatus, am Vierwaldstättersee bei Luzern, sind den Feldberg hochgestiefelt und so weiter.

Schon zu Beginn der Wanderung am Fuße des Feldberges spürte ich eine unheimliche Anstrengung, ich war nassgeschwitzt, die Pumpe galoppierte und ich war extrem außer Atem. Das kannte ich so von mir nicht in der Intensität und es machte mir Angst. Eva und den Jungs fiel auf, das mein linker Fuß beim Gehen nach innen einknickte. Mein linkes Bein „lahmte", fühlte sich nicht so an, als ob es mir gehören würde.

Da stimmt doch was nicht. Dann waren wir chinesisch essen, und ich wollte einem der Jungs, der mir gegenüber saß, mit dem linken Arm ein Schüsselchen Reis reichen. Das ging aber nicht, der Arm ließ sich nicht steuern. Eva und ich bekamen einen Schrecken, die Jungs, glaube ich, bekamen nichts davon mit.

Auf jeden Fall war die Urlaubserholung dahin, Sorgen machten sich breit. Das ist auf jeden Fall nichts, was man mit einem Kräutersäftchen wieder hinbekommen würde, darüber war ich mir schon insgeheim im Klaren. Ich praktizierte Vogel-Strauß-Politik, mit ein bisschen Warten kann ich das schon aussitzen. Pustekuchen.

Dann konnte ich nicht mehr vernünftig die Kupplung beim Autofahren kommen lassen, ich konnte das Bein und den Fuß nicht dazu bringen, sich dosiert zu bewegen.

Die Treppe hoch und runter zur Ferienwohnung im ersten Stock wurde zunehmend kniffelig bzw. unsicher und wackelig.

Und dann waren wir auch schon heimwärts unterwegs. Jetzt musste ich reagieren. Verdrängungstaktik war fehl am Platze.

So bin ich ein paar Tage später oder am nächsten Tag, es war Dienstag, der 14.08.2018, nach Vicht zu meinem Hausarzt gefahren. Der hatte eine Vertretung am Start wegen Urlaubs. Ich wartete im Wartezimmer, rappelvoll, wurde aufgerufen und semmelte gegen ein Beistell-Tischchen, was in der Mitte des Raumes stand und die einschlägigen Zeitschriften eines Wartezimmers beherbergte.

Es war Platz genug und ich rannte dagegen, alles an Literatur auf den Boden verteilend. Da war ich dann doch schon erschrocken. Das konnte doch nicht sein, das habe ich noch nie erlebt. Ich glaube ich habe den Tisch nicht wahrgenommen.

Der Vertretungsarzt testete ein wenig, schon stand die Diagnose „Verdacht auf Schlaganfall" im Raum. Der Schrecken war groß, und schon lief das Kopfkino an, wo sich die Angst mit riesengroßen Frisuren vor mir in der ersten Reihe niederließ und laut Popcorn knabberte.

Er schrieb mir eine Einweisung ins Rhein-Maas-Klinikum zur Abklärung in Würselen, die könnten sofort ein CT machen, anderswo müsste man drei Monate warten.

Irgendwie hab ich es geahnt, war darauf vorbereitet, es war ja kein simpler Schnupfen, das waren schon ernsthafte Symptome, aber insgeheim denkt oder hofft man, das Problem löst sich auf.

Dann fuhr ich mit dem Auto nach Hause, das Kopfkino surrte und ratterte, ich erzählte die ganze Story und packte einige Sachen für einen wahrscheinlichen Krankenhausaufenthalt zusammen und fuhr nach Würselen und lieferte mich selbst ein.

Ich habe meine Mutter vorsorglich informiert, und ihr schonend gesagt, dass ich mal nach Würselen fahre, um das abzuchecken, was ich hier beschrieben habe. Meine Symptome bis dahin: Taubheit, Kribbeln. Sehstörungen, linkes Bein lahm. Kopfschmerz.

Dort angekommen, wurde ich erstmal untersucht, und der Computer-Tomograph wurde angeschmissen. Als ich aus dem CT rausgefahren wurde und aufstehen wollte, kamen die Arzthelferinnen angerannt und baten mich ziemlich bestimmt, liegenzubleiben, mich nicht zu bewegen und bloß nicht aufzustehen. Der Doktor würde gleich kommen.

„Was ist denn los?" fragte ich verunsichert.

„Bleiben Sie bitte liegen, der Herr Doktor ist schon unterwegs!". Das war zum damaligen Zeitpunkt was viel, Angst breitete sich aus, und so ließ ich alles stoisch über mich ergehen.

Um es kurz zu machen, ich lag etwas später zur Überwachung auf der „stroke unit", der Schlaganfallstation der Klinik. Dort wurden meine Funktionen überwacht, ein nervenzermürbendes Gepiepe umgab mich, und ich musste liegen bleiben.

Die Ärzte gingen immer noch von einer akuten Gehirnblutung aus und wollten Schlimmeres verhindern. Die Nächte waren grausam, an Schlaf war nicht zu denken. Ich war zwar allein auf einem Zimmer, aber die Schwestern ließen die Türe zum Flur weit geöffnet, sodass das Gepiepe aus den anderen Zimmern, deren Türen auch offenstanden, gut zu hören war. Zweistündlich kam eine Schwester herein und testete meine Sensibilität an der Fußsohle; zack, wach!

Zum Ende des Aufenthaltes, ich durfte am vorletzten Tag wieder in die Senkrechte, hatten wir, Eva war zu Besuch, ein Gespräch mit Herrn Dr. med. Ralf K (†), Oberarzt der Neuroklinik.

Er teilte uns sinngemäß mit, er habe eine gute und eine schlechte Nachricht. Die Gute ist, dass es nichts Bösartiges ist. Die Schlechte ist, dass das Teil mitten im Stammhirn sitzt und es allem Anschein nach ein Kavernom, ein gutartiger Tumor, ist.

Kinnlade runter! Augen groß!

Google schreibt dazu Folgendes: >>*Kavernöse Malformationen (Kavernome): gutartige Gefäßmalformationen, die aus einer Anhäufung von veränderten Venen bestehen. Sie können sowohl im Hirngewebe als auch im*

Rückenmark vorkommen.<<

Das Gefährliche ist, dass die Dinger ganz spontan bluten, also eine Hirnblutung verursachen mit schwerwiegenden Folgen, bis hin zum Tod. Da muss reagiert werden. Es sei sehr selten, sodass die Klinik keine Erfahrungswerte damit habe.

Er empfahl uns eine zeitnahe Vorstellung bei Spezialisten, in die Neurochirurgie in Düsseldorf (UK) zur weiteren Abklärung bezüglich möglicher Therapieoptionen. Den Termin haben wir dann bekommen am 08. November 2018. Entlassen worden bin ich aus der „stroke unit" in Würselen am Montag, den 20.August 2018.

Jetzt ging es erst richtig los, der Stein rollte!

2. Ramba-Zamba-Express

In Würselen hatte man alles für die im Anschluss beginnende Reha-Maßnahme vorbereitet, um eine gleitende Behandlung zu gewährleisten.

So wurde ich am Freitag, den 24.08.2018, von einem Ford Transit vom NRK-Fahrdienst (Ambulante Neurologische Rehabilitationsklinik in Aachen in der Gegend des Europaplatzes) abgeholt, im PKW sechs Mithäftlinge. Ich durfte vorne sitzen. Reha ambulant, morgens 8:00 Uhr hin, abends 16:00 Uhr zurück. Eigenes Bett zu Hause - Schwein gehabt.

Mittagessen ist Kokolores, Büffet mit 50 Tellern. Jeder Teller beherbergte zwei Schnitten Brot, belegt mit Käse und Dekogemüse.

Jeder Gast durfte sich zwei Teller aussuchen, wenn man also viel später als 12:00 eintraf, wenn der Strunz geöffnet wurde, bekam man nur noch die trockenen Stullen, die alle verschmäht haben. Gottseidank gab es nebenan einen Lidl.

Nebenbei: ich habe von einem Mitpatienten, der länger geblieben ist als ich, irgendwann ein Foto vom Mittagsmahl bekommen. Purer Neid stieg in mir auf, als ich das Foto sah. Es zeigte einen Teller rappelvoll mit Pommes frites und einer stattlichen Currywurst. Der Caterer wurde gewechselt, man fragt sich warum…!

Die ganze Welt dreht sich um das Essen, nur im NRK stand sie still. Es war aber nicht alles schlecht dort, Therapien wurden verantwortungsvoll besucht, Entspannungstechnik genossen, Massage von Achmed, einem 1.40 m kleinen Muskelprotz, gefürchtet.

Total genial waren die morgendlichen Fahrten, sobald am Relais Königsberg Andreas C. aus Rollesbroich zustieg und als Krönung Patrick F. aus Schleckheim. Zwei so lustige Charaktere, die sich ergänzten, da ging es rund im Auto.

Einmal hat Andreas die Bundeskanzleramtshotline angerufen, und wollte im schäbigsten Öcherplatt kurz die Frau Merkel sprechen. Das Gelächter war enorm, jemand, der uns entgegengefahren wäre und genau hingeschaut hätte, hätte sieben aufgerissene Münder gesehen, und Insassen, die sich auf die Oberschenkel klopften, inklusive Fahrer. Radio Antenne AC war auch mal ein Telefon-

Opfer. Das war anstrengend, aber schön !

Wir sind manches Mal schallenden Gelächters in Aachen ausgestiegen, die Lachmuskeln überanstrengt, verkrampft, Bauchweh inklusive und die Augen voll mit Tränen.

Andreas hat irgendwann mal bunte DIN-A4-Ausdrucke an Heck- und hinteren Seitenscheiben befestigt, wo in großen bunten Lettern von außen gut sichtbar, zu lesen war: „Rambazamba-Express" (s. Abb. 1, S.24)! Wenn wir dann wieder mal in Aachen schallenden Gelächters und lauthals johlend im NRK eintrafen, wusste das ganze Haus, der Rambazamba-Express ist wieder auf Gleis 1 eingefahren.

Es gab auch eine Whatsapp-Gruppe gleichen Namens, wo wir uns verabredeten oder die Einkaufsliste für den Lidl posteten.

Abb. 1: Der legendäre Rambazamba-Express!

Am 10. September 2018 hatte ich während des Wochenendes nochmals neurologische Symptome, also Motorikstörungen der linken Seite, Sprach- und Sehstörungen sowie starke Kopfschmerzen, ich sprach das dann am folgenden Montag im NRK an, schwupp - stand ein RTW vor der Tür, ich wurde aus der Therapie geholt und nach Würselen gebracht, wo nichts Neues festgestellt wurde. Nummer sicher! Ich verließ mein Zimmer wieder am folgenden Tag.

Die Rehazeit war am 05.Oktober 2018 zu Ende, Kontakt pflege ich heute wieder zum Patrick F., die Anderen gingen ihrer Wege.

Ich war froh, wieder unterwegs zu sein und trat wieder meinen Job an. Alltag, da bin ich wieder.

Steffen und ich standen ja in telefonischem Kontakt, und er bot uns irgendwann an, uns nach der Reha nach Brüssel zu fahren – er kennt dort einen Bekannten, der ein renommierter Hirnchirurg ist und weltweit operativ tätig ist. Er wollte sich mein CT-Ergebnis in punkto Operationsmöglichkeiten / -chancen privat ansehen. Wir waren dann dort, er hat sich die Bilder angesehen und uns gesagt, bei seiner Frau und seiner Tochter würde er solch eine Operation nicht riskieren – das Kavernom sitzt halt an einer sehr empfindlichen Stelle, dem Stammhirn, wo alle Nervenbahnen zusammenlaufen. Da sollte man tunlichst die Finger von lassen.

Er riet mir, darüber nachzudenken, was ich gerne im Leben mache. Ich sollte mein Leben genießen. Wie sollte das aber gehen mit den Gedanken, dem Wissen?

Deprimiert fuhren wir wieder nach Hause, aber endlich mit dem Wissen, das man das Kavernom an jener Stelle besser in Ruhe lassen sollte. An dieser Stelle nochmal einen herzlichen Dank an Steffen für deine Hilfe und Fahrdienste und natürlich an dem Brüsseler Spezialisten!

Wir hatten nun die erste Info, wir wollten eine Zweitmeinung einholen.

Das Aachener Uniklinikum sagte uns auf die Frage, ob man das hier operieren könnte, sinngemäß: „Ja, wir können es versuchen…" - mmh! Lieber nicht…! Am 08. November 2018 war es dann soweit, und wir sind in die Universitätsklinik nach Düsseldorf gefahren, zum Gesprächstermin. Ein Herr Dr. Cornelius begutachtete die Lage und meinte, es wäre schon möglich, zu operieren.

Ok, die Sache nimmt Formen an.

Irgendwann bin ich im Internet in einem Kavernom-Forum auf den Namen „Prof. Dr. *Sure* aus der UK Essen" gestolpert. Ein Spezialist im Hirnchirurgiesektor, führend in der Kavernomforschung und weltweit anerkannt. Das UK Essen bietet auch 1x im Monat eine Kavernom-sprechstunde an, also nix wie hin!

Das Gespräch mit ihm und mit dem Oberarzt war sehr auf-schlußreich und auch niederschmetternd. Prinzipiell könnte man die Operation wagen, es bestehen gute Chancen auf eine Heilung nach Entfernung; aber wir sollen warten, bis eine neue Hirnblutung stattfindet, weil es bei etwa 5% der Patienten, wo es schon einmal geblutet hat, wieder zu einer schwereren Blutung kommt und bei den anderen Patienten, immerhin 95 %, sich das Kavernom ruhig verhält.

Es sei wohl, gab er uns zu bedenken, eine Hochrisiko-OP. Dann soll ich fix kommen, wenn wieder etwas ist, einen OP-Termin machen und schnippschnapp. Wieder zu Hause, nachdenken. Eva, meine liebe Frau, steht hinter meiner Entscheidung, wie auch immer die Wahl ausfällt!

Mitte April 2019 waren wir anlässlich der Goldhochzeit von Martha und Franz, meinen Schwiegereltern, mit der gesamten Familie auf Norderney (s. Abb. 2). Ich habe mir dort nach großen Bedenken ein Fahrrad geliehen und bin „gefietst". Das habe ich mich seit über einem Jahr nicht getraut, wegen Gleichgewichtsproblemen und dem linken Arm. Das war ein wunderbares Gefühl, der Fahrtwind, einfach herrlich, wie fliegen. Die Matjesbrötchen sind auch zu empfehlen!

Abb. 2: Reise nach Norderney

3. Es war ja klar…!

Es kam, wie es kommen musste, es war ja nur eine Frage der Zeit, wir waren mit Finja, unserer Labradorhündin, Sonntag, den 13. September 2020 in der Elsdorfer Hundeschule, als es passierte: Sehstörung (Flimmerskotom) vom Feinsten sowie Gehstörung des linken Beins sowie darauf folgende starke Kopfweh (Vernichtungskopfschmerz), und das Ganze innerhalb von Minuten. Zum Glück ging ich gerade an einer Garagenwand vorbei, die gab mir Halt. Zu Hause überlegten Eva und ich auf der Terrasse, was zu tun sei. Die Richtung lag auf der Hand. Am folgenden Montag sagte ich noch im Büro Bescheid, dann fuhr ich wieder mal nach Würselen ins Rhein-Maas-Klinikum, und wies mich selbst ein. Dort hat man mich, als eine neuerliche Blutung diagnostiziert wurde, zum Uniklinikum Aachen liegend mit dem Rettungswagen gefahren, weil man Angst hatte, dass sich der Liquor, also das Hirnwasser, aufstaut. Mein Kavernom saß nämlich so blöd im Hirnstamm, dass es die natürliche Verbindung zum Rückenmark verstopfte wie ein Korken. Woraufhin das Hirnwasser sich noch mehr aufstauen könnte, und das Gehirn beschäd...also es bestand Lebensgefahr, man hätte zur Lebensrettung innerhalb von 15 min reagieren müssen, um dem Überdruck mit einer Bohrung am Schädel (Drainage) entgegenzuwirken. Das ist glücklicherweise nicht so passiert. Ich kam trotzdem in den zweifelhaften Genuss nervigen Intensivstationsgepiepes und -gewusels. Lars, ein Freund, hat mich dann abgeholt und nach Hause gefahren. Er wird noch 3 bis 4 Mal in meinem Bericht auftauchen (siehe Abb. 13, S. 88).

Die Entscheidung war gefallen, innerlich schon länger.

Ich hatte zum Ende hin alle 2 bis 3 Tage Sehstörungen, Kribbelparästhesien in Hand und Oberlippe, und diese heftigen Kopfschmerzen. Dazu kamen noch Sprachstörungen, ich konnte z. B. nicht „konzentrieren" formulieren, sondern nur „kenzontrieren". Und ich verstand, was ich sagte, ich wusste, da ist was falsch, aber ich konnte es nicht benennen, geschweige denn formulieren. Das war sehr beängstigend. Ich lag nur noch auf dem Sofa mit einer ungewissen Zukunftsangst. So, schnell mit Essen telefoniert, dann haben wir einen Termin gemacht für ein

Gespräch am 21. September 2020, 8 Tage nach dem Ereignis. Nach Essen gefahren, Gespräch gehabt, Notwendigkeit einer Operation ist gegeben, Termin für die Operation ist am Dienstag, 06. Oktober 2020. Schluck, noch 15 Tage! Um uns die Wartezeit zu verschönern, haben wir verschiedene Freunde eingeladen, die wir natürlich über die bevorstehende Zeit in Kenntnis gesetzt haben. Neben vielen guten Wünschen gab es auch ein originelles selbstgebasteltes Geschenk von Doris K., was ich mitnehmen sollte ins Hospital. Es war eine Schachtel mit unzähligen Briefumschlägen drin, Überraschungskuverts, an einen kann ich mich noch erinnern. Auf der Schachtel stand geschrieben: "Öffne mich...", auf einem Kuvert stand „...wenn du mal ein Wunder brauchst!", drin waren zwei Wunderkerzen. So war der ganze Karton voll mit solchen Symbolen. Ich habe mich riesig gefreut, konnte es aber damals gar nicht so zeigen, ich hatte ja nur den Termin im Kopf. Ich habe das Präsent nachher mit Eva in der Reha ausgepackt, vorher ging es nicht. Das werde ich nicht vergessen, danke, Doris!

Die Wartezeit habe ich mit immer steigender Angst auf dem Sofa verbracht, oft mit den bekannten neurologischen Symptomen. Einen Tag vor der Abreise, ich sollte montags schon „einchecken", und es war furchtbar, ich hatte Zittern. Ich habe den Kindern beiläufig gesagt, dass es auch schiefgehen könnte bis zum bitteren Ende. Das war schon komisch. Bloß keine Angst verbreiten.

Montagvormittag, den 05. Oktober 2020, hat mich Eva dann nach Essen gefahren. Ich war so nervös, dass mein schon neuromäßig lädiertes linkes Bein ganz den Dienst versagte. Ich musste mich auf Eva stützen, uns so humpelte ich dahin. Auch die Anmeldung konnte ich aufgrund übelster Verkrampfung und Zittern nicht machen. Als ich dann mein Zimmer hatte, ging alles besser. Ich entspannte mich, Eva blieb noch etwas bei mir. Ich bekam abends die OP-Klamotten, Hemdchen hinten großer Ausschnitt, Kompressionsstrümpfe, heiß! Habe „gut" ge-schlafen, morgens Kohldampf - kein Frühstück - , nüchtern bleiben, wartete ich darauf, dass sich die Zimmertür öffnet und dass man mich abholt. Aber ich musste noch eine Zeit warten, dann ging die Türe auf.

Folgendes im Kapitel 4 Erlebtes kann ich zeitlich nicht mehr trennen, womöglich vermische ich Erlebtes nach der zweiten OP mit dem von der Ersten. Ich stand ja auch massiv unter Medikamenteneinfluss, da kann man nicht immer einen klaren Kopf behalten.

Jetzt muss ich erstmal die Fahrt zum OP-Vorbereitungsraum überstehen, schluck!

4. Tagträume

Oje, da kam die Schwester mich holen, prüfte den ordentlichen Sitz des Patienten-Outfits, zupfte an den extrem eng sitzenden Thrombosestrapsen rum und fuhr mich mit dem Bett hinaus auf den Gang, in den Aufzug, ab ins Kellergeschoss, wo der OP-Bereich ist und die Meister des Skalpells schon warteten. „Grüß' Euch, bin das Kavernom...!"

In einem Raum, der mich schwer an das damalige Space-Center der 90er Jahre im Phantasialand erinnerte, führte ein kumpelhafter Mann im blauen Kittel ein freundliches Gespräch mit mir.

Schwupp, war ich 5 Std. älter und hab nichts mitbekommen.

Ich wachte ein wenig auf, döste wieder weg, war nicht richtig hier noch da. Der Hinterkopf tat weh trotz fluschigem Kissen. Was piept denn hier so laut? Ich war wach und orientierte mich, so gut es ging. Oh, das ist die Intensivstation der Uniklinik. Wusste nicht, wie lange ich hier schon lag, erinnerte mich aber an das, was vorher war.

Ich möchte Eva anrufen, um ihr zu sagen, dass ich lebe. Geht nicht, aber einen tierischen Durst habe ich, und Kohldampf! Am nächsten Tag bin ich auf einer Überwachungsstation, einem Zwischending zwischen Intensivstation und Stationszimmer. Ich habe Probleme mit der SIM-Karte meines Handies, weil ich die PIN dreimal falsch eingegeben habe. PUK1 wird verlangt, hab ich hier, kein Problem. Pustekuchen!

Ich habe übelste Doppelbilder, das linke Auge zeigt mir die Umwelt gedreht um 270°, und als ob das nicht genügen würde, auch noch verschoben (siehe Abb. 8, S. 48). Ich habe mich immer wieder vertippt. Dann hatte ich die PUK1 erfolgreich eingegeben, dann vertat ich mich mit der PIN. Alles wieder von vorne, es war wirklich ein Geduldsalptraum, zumal ich wusste, wenn ich das jetzt hier verkacke, kann ich nicht nach Hause telefonieren. Es galten ja strenge Coronaregeln, was den Besuch betraf. Ich habe den ganzen Tag benötigt, um das zu schaffen; ich frage mich heute, warum ich niemanden um Hilfe gefragt habe. Das Fragen sollte ich zu einem späteren Zeitpunkt noch lernen.

Abb. 3: Nach der ersten OP am 06.10.2020, ein Lebenszeichen wird nach Hause geschickt, Auge geschlossen wegen Doppelbildern

Die OP-Zeit, das Warten und Bangen, ist es gut gegangen, all das muss für meine Familie und Freunde furchtbar gewesen sein. Ich kann das nur erahnen.

So, dann vermutlich am gleichen Tag auf der Überwachungsstation, hatte ich zwei Begegnungen der dritten Art, - Halluzinationen; Reste bzw. Abbauprozesse im Hirn der Vollnarkose. Heidewitzka, das war der Hammer, vergess' ich nie, folgendes:

Ich lag im Bett und regenerierte vor mich hin, schaute nach rechts aus dem Fenster auf die gegenüberliegende Gebäudefront und ließ die Gedanken treiben. Es war wahrscheinlich ein Klinik-Block, aber es sah aus wie ein Wohn-Hochhaus mit etwa sechs Fenstern in der Breite und acht oder zehn Fenstern in der Höhe. In einem Fenster brannte Licht, es war düster.

Eine Spielzeug-Eisenbahn, eine große Dampflok mit ein oder zwei Waggons, fuhr außen unter Dampf auf der Fensterbank langsam vor und zurück, von rechts nach links und zurück. Aha, kombinierte ich, ein Kinderzimmer, vermutlich durfte das Kind etwas länger aufbleiben, es war ja schon dämmrig. Dann sah ich einen Jungen in dem beleuchteten Raum hinter dem Fenster. Er machte den linken Fensterflügel auf und kletterte auf die Außen-Fensterbank. Erst jetzt erkannte ich, dass er ein Marienkäferkostüm trug…

Jetzt machte sich meine Zivilcourage bemerkbar, verkroch sich aber flugs wieder hinter dem Zustand des Dahin-dämmerns. Lass ihn mal, dachte ich, der wird schon wissen, was er da tut… Er stellte sich auf die Aussenfensterbank und – schwebte diagonal nach rechts oben Richtung Dachrinne. Spätestens jetzt sollte ich doch Hilfe holen, Alarm schlagen, aber nichts, das ließ mich zwar nicht kalt, aber geschockt hat es mich auch nicht. Die Szenerie erinnerte mich an „Karlsson vom Dach" von Astrid Lindgren. Dann war der Spuk vorbei, wahrscheinlich bin ich gelangweilt eingeschlafen.

Die zweite Sinnestäuschung ist weniger spektakulär, aber kurios in jedem Fall. Immer, wenn ich hinausblickte auf das soeben beschriebene Gebäude und auf glatte Flächen schaute, sah ich so eine blinkende Weihnachts-lichterkette. In jedem Fenster, wobei das Licht des Marienkäfer-Karlsson-Zimmers aus war. Ob ihm doch was passiert ist? Ich habe ihn ja auch nicht nach Hause schweben sehen, die Eisenbahn war auch weg!

Zurück zur Lichterkette: ich vermutete, dass die optische Täuschung nur auf glatten Flächen entstand, da im Überwachungsraum Küchenschränke hingen mit glatten Türfronten, und da blinkte die Unzumutbarkeitskette auch. Ich hörte auch Evas Stimme auf dem Flur diskutieren, sie wollte mich besuchen, aber die Schwestern haben sie nicht rein-gelassen. Ich war unendlich traurig, bis ich mit Eva telefoniert habe, sie war gar nicht in Essen, hab ich mich geirrt. In den nächsten Tagen hat sich das aber auch gelegt mit den Täuschungen.

Nun noch etwas Unangenehmes, aber ganz Normales:

Es drängte mich, nach zahlreicher Speis der Verdauungsprozeß seinen Tribut zu fordern, ich kniff noch einige Zeit, dann ging es nicht mehr. Ich habe die äußerst freundlichen Pfleger gefragt: "Was nun? Ich kann nicht gehen! Es drückt aber.." Sie hatten ein prima Hilfsmittel, einen Toilettenrollstuhl. Das ist ein Rollstuhl, mit Aussparung in der Sitzfläche und einem Töpfchen darunter. Butze runter, mit Hilfe daraufgesetzt, Sichtschutzvorhang bekommen, und dann durfte ich meine Notdurft mitten im Raum verrichten mitten im Publikum, obwohl die meisten schliefen... Mmh, ich machte mir Gedanken, wie ich die Sache zu Ende bringen könnte, war ja sehr unflexibel. Kurzer Hinweis: „fertig!", dann kam ein Pfleger angeflitzt, hat das mittlerweile schwere Töpfchen entfernt und kam von hinten mit Toilettenpapier. Ich machte kurz große Augen; zack, Problem gelöst, gelernt ist gelernt. Respekt. Danke.

Beim Schreiben fällt mir ein, ich hatte auch einen Katheter in der Blase, pullern war luxuriös, laufen lassen zu jeder Zeit, das Entfernen des Katheters war dann nicht so lustig.

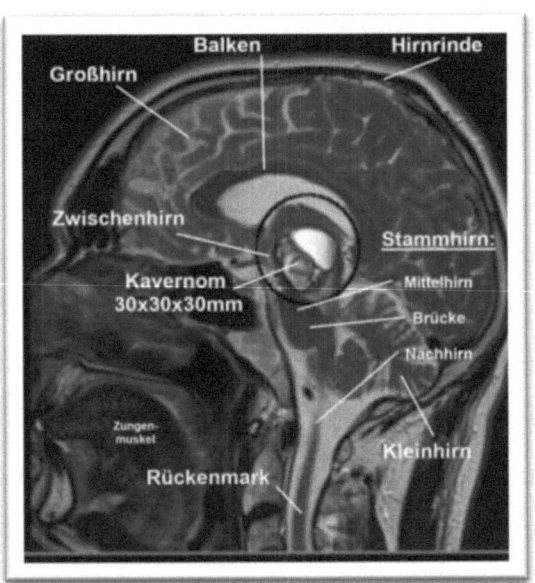

Abb. 4: Übersicht mehr oder weniger lebenswichtiger Teile meiner Birne

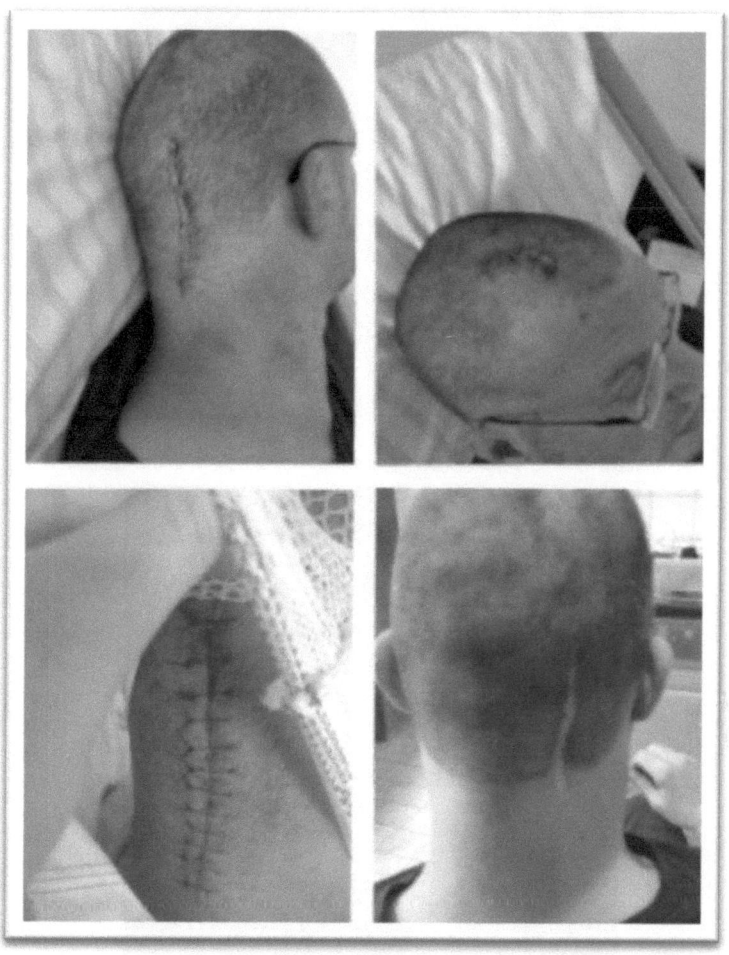

Abb. 5: OP-Narben,

o. rechts: Wunde Drainageausgang

u. rechts: schon gut verheilt in der Reha

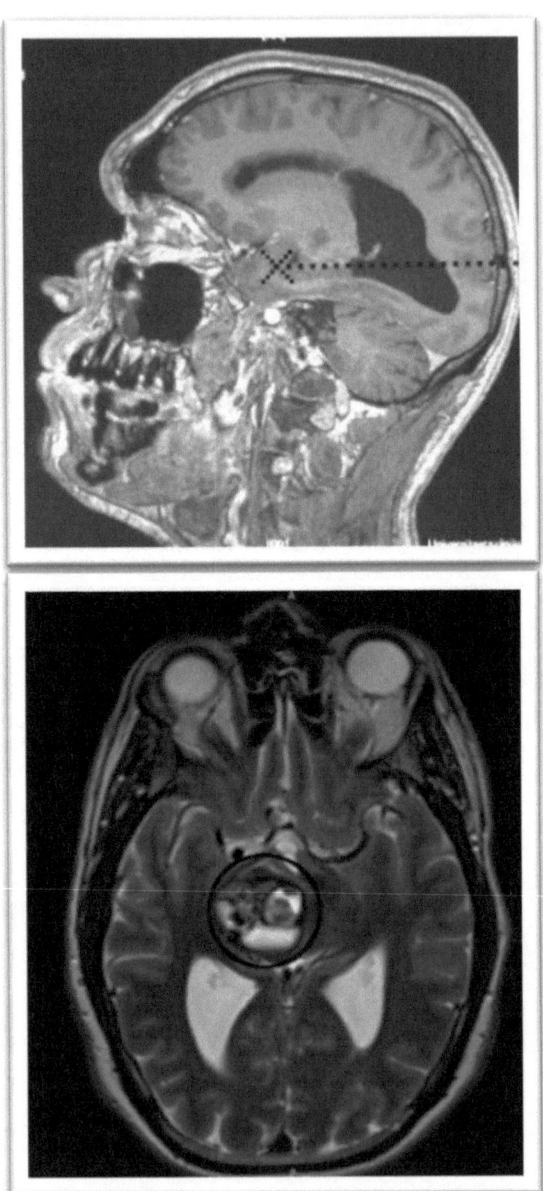

Abb. 6: Zugangsweg zum Kavernom und Lage von unten

Irgendwann kam ich dann auf Station. Da stellte ich fest, dass mein linker Arm nicht das machte, was er sollte. Ich hob ihn nur ein wenig an, und er schnellte hoch und schlug mir die Hand ins Gesicht. So habe ich mich etliche Male selbstkasteit, bis ich den Dreh raus hatte. Das linke Bein war taub und nicht so gut anzusteuern.

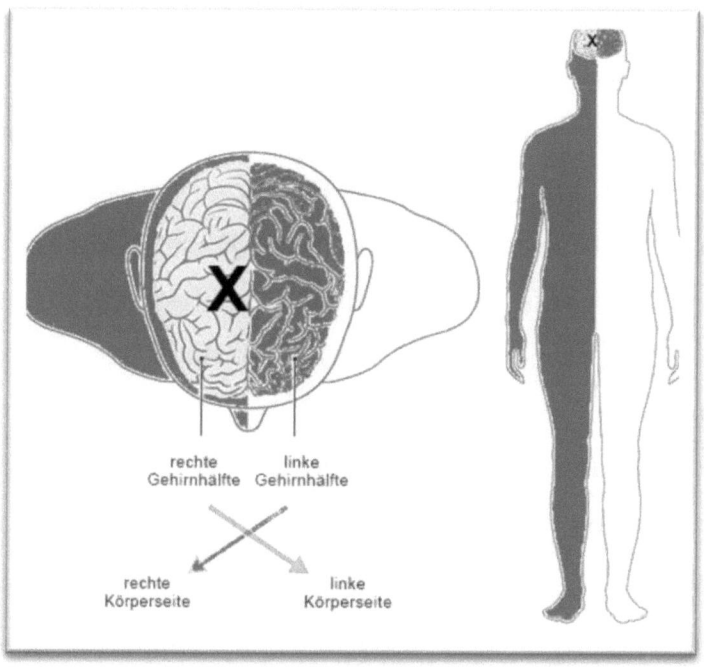

Abb. 7: Schema der Zuständigkeiten der beiden Hemisphären
Quelle: www.informedhealth.org

Prof. Sure kam zu mir, um sich nach meinem Befinden zu erkundigen. Er gab mir die Aussicht, in drei Monaten wieder auf dem Damm zu sein bzw. eine ordentliche Besserung meiner jetzigen Lage zu erleben. Sein Oberarzt, der mit mir danach ein Gespräch führte, relativierte die Aussage des Professors.

Es könnte drei, sechs Monate dauern, es könnte aber auch ein Jahr, zwei, vier, fünf Jahre dauern, oder auch sich nie mehr erholen.

Ok, vielleicht war der Professor ein Optimist, der die Genesung durch die rosarote Brille betrachtete, ich weiß es nicht. Auf jeden Fall hat er nicht Recht behalten. Das habe ich im Laufe meiner Situation bis heute erlebt, dass man mir was voraussagt, was aber derjenige gar nicht halten kann.

Nach elf Tagen wurde ich mit dem RTW nach Bonn in die Reha auf der Godeshöhe gefahren. Das sollte meine Bleibe werden für knapp vier Monate. Eva empfing den Transporter vor dem Eingang und nahm mein Gepäck. Wir hatten uns nicht oft sehen können wegen der Besuchsvorschriften. Ich bekam ein kleines Einzelzimmer zugewiesen mit Dusche, Toilette, alles behindertengerecht und wurde von der Stationsärztin untersucht. Ein Rollstuhl wurde mir zur Verfügung gestellt. Dann gab es reichlich Mittagessen auf dem Zimmer, wovon Eva kostete, da ich keinen Hunger hatte, sie schon. Ich glaube, es waren vegetarische Kohlrouladen. Im Laufe der Tage bin ich im Bad gestürzt, weil ich mich nicht daran gewöhnen konnte, mit einem inaktiven Bein und den Doppelbildern den Alltag zu bewältigen. Ich bin umgekippt wie ein gefällter Baum, mit dem Rücken auf den WC-Pott. Ich kam an das Alarmschnürchen dran, sofort waren Helferinnen zur Stelle und haben mir geholfen. Der herbeigerufene Arzt tastete mich ab, alles heile, nur auf dem Rücken war eine Schramme so groß wie ein DIN A4-Blatt. Hoppla.

Zimmerwechsel, da ist mir die Badgeschichte noch einmal passiert, aber ohne Prellung. Dann, irgendwann fiel mir auf, dass das bisher geübte Fingertraining, bei dem ich die Daumenspitze der Reihe nach mit den anderen Fingerspitzen berührte, mit der linken Hand nicht mehr funktionierte. Ich erwähnte das beiläufig bei der Visite, da ging es rund. Verdacht auf Gehirnblutung, ab ins CT des Hospitals, was gegenüber zu finden war, verbunden mit einem unterirdischen märchenhaften Gang (Abb. 10.2, S. 47).

Dann kam die diensthabende Neurologin am Montagabend des 26.10.2022 gegen 21:00 Uhr rein, ich war schon im Bett, und sagte mir, es täte ihr leid, aber ich würde jetzt wieder nach Essen gefahren zur Abklärung, es war nachweislich eine weitere kleine Einblutung entdeckt worden. What?? Das ist Pech!

Abb. 10.2: Der unterirdische Gang zum CT

Abb. 8: Problem Doppelbilder des linken Auges

oben: so sollte es sein

unten: die ersten acht Wochen (versetzt und gedreht) bis heute

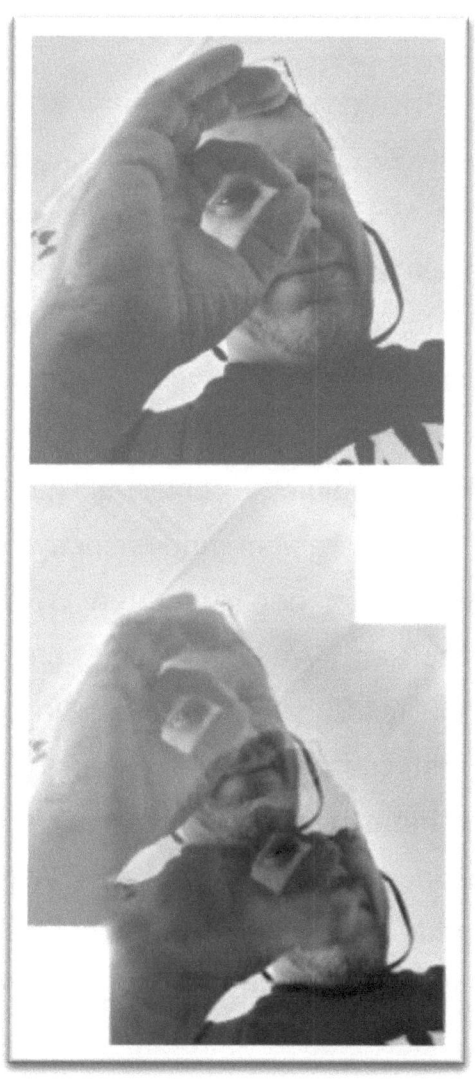

Abb. 9:Problem Doppelbilder des linken Auges

oben: so sollte es sein

unten: seit Anfang 2021 (versetzt)

5. The same procedure than last weeks…?

Meine beiden Privatchauffeure und ich erreichten die UK Essen gegen 23:00 Uhr, wo nach einem dritten Coronatest das MRT angeworfen wurde. Dann bekam ich ein Bett und ein Zimmer und schlief. Am nächsten Tag bekam ich wieder Besuch vom Professor, der mir mitteilte, man habe etwas Kavernomgewebe übersehen, also nicht entfernt, das wäre bei solch einer OP ganz schwierig, und das hat wieder eingeblutet. Er entschuldigte sich mehrfach und meinte, das wäre ihm und seinem Team nur ein weiteres Mal passiert bei Hunderten OP's. Treffer, ich sollte Lotto spielen. Weiteres Vorgehen: eine weitere vierstündige OP mit Zugang über die so frisch verheilende Wunde. Da ist man sprachlos und ergibt sich dem Schicksal. Ich habe schon häufig drüber nachgedacht, die UK zu verklagen und aus der Sache ein paar Hunderttausende zu schlagen, aber gehen kann ich mit der Kohle auch nicht besser. Und eigentlich hat der gute Mann mir ja das Leben gerettet, indem er für seine Kavernom-Sammlung im Keller ein formaldeytgefülltes Glas neben dem OP-Stuhl stehen hatte und mein

Kavernom dort konservierte, blubb, so stelle ich mir das vor…

OP-Stuhl? Ja, ich bin wieder halbsitzend operiert worden, wegen der besseren Zugriffsgeometrie, glaub' ich. Wieder Vollnarkose, wieder Katheter, wieder Intensivstation, wieder ohne Eva. OP war am folgenden Donnerstag, den 29.10.2020, 23 Tage nach der Ersten. Hoffentlich geht wieder alles gut, da wird das Glück ziemlich überstrapaziert. Und hoffentlich gibt es keine Halluzinationen, obwohl ich zu gerne wissen würde, wie die Story mit dem Marienkäfer ausgegangen ist.

OP gut überstanden, keine Halluzis.- fertig. Symptome: Arm- und Beinbeweglichkeit so gut wie weg, sowie Sensibilität komplett weg in der linke Seite. Alles in allem schlechter als nach der ersten OP. Aber das Teil ist weg, hoffe nur, dass die Abheilung im Gehirn gut vonstattengeht. Epilepsie wäre möglich, ist aber nie passiert.

Entlassung nach Bonn - meine Sachen waren ja noch da - am 05. November 2020.

6. Zu Hause in der Reha

So, wieder in Bonn, wieder von Eva erwartet. Sie durfte erst nicht mit rein wegen Coronaschutz, aber nachher ging es doch. Ich kam auf eine Station, wo Patienten wohnen, die selbstständig sind und sich selbst helfen können. Die Schwestern haben ihren Zweifel, ob ich nicht besser eine Station tiefer einziehen soll, wo die Schwesterndichte erhöht ist und man mehr betreut wird. Sicher ist sicher. Ich bekam ein Einzelzimmer wie gehabt mit eigenem Bad. Am Abend war ich verzweifelt, und als Christinchen, eine Schwester, die so von ihren Kolleginnen genannt wird, reinkam und im Kleiderschrank kramte, brachen bei mir die Dämme und ich weinte bitterlich. Sie tröstete mich, indem sie mich auf meine tolle Familie hinwies. Alles wird gut. Das wurde meine Lieblingsschwester, klein, blond, freundlich, aus Lettland, jetzt wohnt sie in Siegburg. Sie sagte immer Herr Willi. An die Namen der verschiedenen Pflegerinnen und Pflegern kann ich mich nicht mehr genau erinnern, aber mein geistiges Auge kriegt sie alle zusammen. Ich denke, das war das Stockholm-Syndrom.

Ich musste mich ja mit ihnen arrangieren. Waschen und auf Toilette begleiten lassen usw.

Amra, Christinchen aus Siegburg, 2x Dennis, 1x aus Adenau, der Andere war ein Heavy-Metaller, Claudia, das war's schon. Es waren aber bestimmt dreimal so viele. Na, vergessen.

Gratis WLAN, dann konnte ich öfters mit zu Hause oder meiner Mutter skypen oder telefonieren, mit Steffen, Lars & Sabrina, einem befreundeten Ehepaar, meinem einstigen Vermesserkollegen Henning J.-J. aus Belgien oder whattsappen mit Gunvor, die ja die Idee hatte, das ganze Gelumpe niederzuschreiben.

Das war übrigens eine feste Konstante über die gesamte Rehazeit, die Whattsapperei mit ihr. Das tat sehr gut, sie hatte immer ein paar aufbauende Worte für mich, was sehr gut tat. Auch heute noch, das tut immer noch gut.

Eva kam mich besuchen und hat mir ein Samsung-Tablet mitgebracht, das meine Mutter gesponsert hat, damit ich nicht immer auf das kleine Handydisplay gucken muss. Das war eine klasse Idee, das hat mir geholfen, und ich konnte Serien streamen auf Netflix. Nach etwa einer Woche musste ich das Zimmer verlassen und wurde in ein

Zweierzimmer umgetopft. Da kam ich an meine Grenzen: ein Patient, apathisch, knapp 30 Jahre, hatte einen Teil seines vorderen Gehirns verloren. Er trug Windeln und war wenig kooperativ. Immer wenn er die Windel voll hatte, kam ein Wölkchen rüber, wie auf dem übelsten Lokus.

Manches Mal, wenn ich beim Frühstücken war, kamen die Schwestern und machten ihm den Windelwechsel. Er schaute auch immer bis in die frühen Morgenstunden Fernsehen mit dem bekannten blauen Lichtflackern. Schlaf ade. Ich habe dann um eine Verlegung gebeten, als ich mal im Rollstuhl auf dem Flur saß, um meinen Kaffee in Ruhe zu trinken, ohne die verseuchte Zimmerluft inhalieren zu müssen. Vielleicht war ich da zu empfindlich, aber es ging nicht. Das war ein armer Kerl, der später in ein Pflegeheim umgezogen ist. Endstation.

Dann wurde ich endlich wieder umgelegt, Einzelzimmer größer als das Erste, die Freude war groß. Da konnte man angenehm rehabilitieren. Ich brauchte nur aus der Zimmertüre auf den Flur zu fahren, schon stand da ein großer Kaffeeautomat. Koffeinfreier Kaffee, Mist. Aber der geht auch, wenn es nichts anderes gibt. Der Kaffeeautomat neben meiner Tür war sehr beliebt bei den Patienten. Ein Afrikaner, der nichts verstand, war sehr verwirrt und wollte immer nach Hause, wollte flüchten. Immer, wenn ich mit dem Aufzug auf die Station fuhr, hatte ich Sorge, dass der Mann vor der sich öffnenden Fahrstuhltür steht und weg wollte. Er ist auch schonmal vor dem Ausgang der Reha abgefangen worden.

Wie oft spazierte er auf Station durch den Flur und stand plötzlich wie eine Erscheinung – fupp- in der Türe, und schaute neugierig zu, was ich da mache. Kamerad, die Toilettentüre ist tabu!

Der tat mir leid, nichts verstehen, was gesagt wird, und nicht verstehen, was mit ihm gesundheitlich passiert ist. Er holte sich auch immer einen Kaffee, stellte eine Tasse unter den Auslass und drückte immer wieder auf den Kaffeeknopf, worauf die Tasse überlief und sich eine riesige Pfütze auf dem Flurboden bildete. Die Schwestern haben sich dann immer aufgeregt.

Die Route zu meinem Zimmer vom einen Ende des Flurs zum Aufzug am anderen Ende war für mich wie eine Spießrutenfahrt mit dem Rolli. Ich musste an sieben

Zimmertüren vorbei, die morgens offenstanden. Ich wurde von Tag zu Tag schneller. Die waren bewohnt mit älteren Patienten, die bekamen eine frische Hose gemacht. Das Odeur zog dann auf den Flur, -„Mensch Junge, du bist aber auch empfindlich!".- Manche bekamen auch Flüssignahrung durch eine Sonde, die hatten die Flasche mit dem Brei am Rollstuhl befestigt, dann einen Urinbeutel am Rolli und die Windel war beim Sitzen zu sehen. Dazu Augen, die teilnahmslos und verständnislos dreinblickten. Nein, was war das beängstigend. Man sah von weitem schon, dass das ein armer Teufel war, Klinikalltag, nichts Neues. Puuh, ich hatte mehr Glück gehabt. Die Freundlichkeit des Personals stand im krassen Gegensatz zum Leid, was an jeder Ecke zu sehen war.

Am 12.11.2020 wurden die Fäden an meiner gut verheilten Wunde entfernt. Bastelstunde: eine russische Schwester kam mit allerlei Werkzeug ins Zimmer gepoltert, ich solle doch mal aufrecht sitzen und stillhalten. Mit Scherchen und Pinzettchen wurde ich dann erlöst von dem Tauwerk. Hat fies geziept. Wieder einen Schritt weiter (s. Abb.: 5 u.re., S.41).

Am Sonntagnachmittag, den 15. 11.2020 kamen Eva mit den Jungs und Finja mich besuchen. (s. Abb.: 9.1) Wir durften uns nicht auf dem Gelände der Klinik versammeln (Coronaregeln), wir taten es aber doch, weil wir gewissenhaft sind und dies schändliche Verhalten verantworten konnten. „Wir sind ja schon groß!"

Abb. 9.1: illegales Familientreffen

Es war furchtbar kalt draußen, ordentliche Minusgrade, und ich bekam Eisfüße im Rolli, wie ich sie noch nie hatte. Irgendwann flog unsere illegale Versammlung auf, und wir wurden freundlichst gebeten, uns aufzulösen. Da hegte ich ein wenig Groll, hab noch irgendwas Patziges gesagt, dann ist meine Familie wieder gefahren.

Ich hab mich schmollend mit Eisfüßen ins Bett gelegt, die waren um 22:00 Uhr noch eisekalt. Das war das erste und einzige Mal, dass die Jungs mit dabei waren, und Finja. Nur eine Person durfte Besuche machen, das ist schwierig bei Zwillingen, aber nicht ohne vorher vorort einen Schnelltest zu machen, und zertifiziert zu bekommen, dass man zumindest C-technisch gesund ist. "Ok, Sie dürfen durch!".

Langsam verschwanden meine ersten Doppelbilder (vgl. Abb. 8, S.48), lösten sich einfach so auf, über Tage hinweg. Ich habe es anfangs gar nicht gemerkt.

Einmal, ich fuhr zur Therapie mit dem Aufzug runter, stieg ein Patient zu mir in den Lift, betrachtete meine Augenklappe, die ich ab und zu trug, um wenigstens manchmal eine vernünftige Optik zu haben und andere Mitpatienten nicht über den Haufen zu fahren, und sagte wissend:" Doppelbilder? Ja, die hab ich auch gehabt. Eine ganze Woche lang!" Tätääh, danke fürs Gespräch. Mir standen noch weitere 32 Monate der Doppelbilder, oder auch mehr, bevor, aber das wusste ich ja zu diesem Zeitpunkt noch nicht.

Ja, die Körperpflege war eine Sache für sich, im Gedächtnis geblieben sind mir folgende Szenen (bleiben harmlos): Eine polnische Pflegerin kam rein mit einer Schüssel warmen Seifenwassers, Seifenlotion und einer nicht unerheblichen Anzahl trockener Tücher.

Sodann wurde ich meiner Beddecke entrissen, es war noch früh, - fupp- Schlüpper weg, -schwuppdiwupp- lag ich da vollständig entblösst auf dem Rücken, schutzlos, hilflos. Ich hätte ja noch nicht mal flüchten können, hätte ich ja mal probieren können, >>*Irrer läuft nackt durch die Klinik und versetzt Patienten in Angst und Schrecken*<<.

Dann nahm sie sich zwei Waschlappen, tränkte sie in das Seifenwasser und mit einer Geschwindigkeit und Präzision, fast brutal, zumindest sehr grob, fing sie bei beiden Sprunggelenken an und schrubbte die Beine hoch, hammer-schnell! Sie hatte morgens mindestens eine Station durchzuwaschen. Das Bettzeug, mittlerweile nass von der Waschorgie, wurde anschließend gewechselt. Die Situation erinnerte mich ganz stark an eine Szene aus Brösels „Werner-beinhart"-Film.

Die speziellen geschlechtsspezifischen Stellen hat sie mir dann überlassen. Das scheint ein normales Wasch-prozedere zu sein, ich habe es aber noch nie erlebt, darum beschreibe ich es hier.

Irgendwann hatte ich dann genug Rumpfstabilität, um mit dem Dusch-Rolli unter die Dusche zu fahren und mich dort unter Aufsicht zu waschen. Die erste Dusche war ein richtig tolles Gefühl, ich habe das sehr genossen und vergesse das nicht.

Zweite Sache, Toilettengang. Wackelig, wie ich war, ich konnte ja nicht sicher stehen, rollte ich zum Ort der Örtchen, nachdem ich die Schwesternklingel betätigt habe. Ich parkte parallel neben dem Pott und bewegte mich vor das WC, wobei ich mich immer mit rechts festhielt an speziellen Toilettenhandbügeln, wie wir sie zu Hause heute auch noch haben, und die herbei geklingelte Schwester neben mir stand, um im Notfall des Gleichgewichtsverlustes eingreifen zu können.

-Schwupp- bekam ich die Buxen bis zu den Knöcheln runtergezogen, ich musste mich ja festhalten, und ließ mein Gesäß auf die Keramik nieder. Dann wartete ich, bis die Schwester die Toilettenschiebetür von außen schloss.

Ich sollte klingeln, wenn ich geschäftlich alles geregelt hätte. Wenn jetzt der Afrikaner kommt und in der Tür steht, …

Jetzt machen wir einen Zeitsprung von einigen Minuten, ist besser! Ich war mittlerweile fertig, mit allem Drum und Dran, klingelte, und dann kam die Schwester wieder, immer mit einem freundlichen Lächeln im Gesicht, und half mir aufzustehen, die Hosen hochzuziehen und zu schauen, dass ich gesund und heile wieder zurück in den Rollstuhl kam. Nie haben sie einem das Gefühl der Scham gegeben, nie sind sie grün angelaufen. Respekt!

Einmal hatte Christinchen Schicht, und ich klingelte nach einem Großgeschäft wieder mal, um von irgendjemand begleitet zu werden.

Da ging die Schiebetüre auf, sie kam rein, und ich roch trotz allem sofort aus der Ferne ihr Parfüm. „Oh, grüß dich. Du riechst aber gut!", sagte ich mit heruntergelassenen Hosen, um im nächsten Moment festzustellen, das der Ort, wo ich mich befand, und die Position, in der ich mich befand, keinen Raum für Wohlgerüche und Komplimente zuließ. Sie antwortete dann: "Danke, mein neuer Bodyspray." Ich Depp.

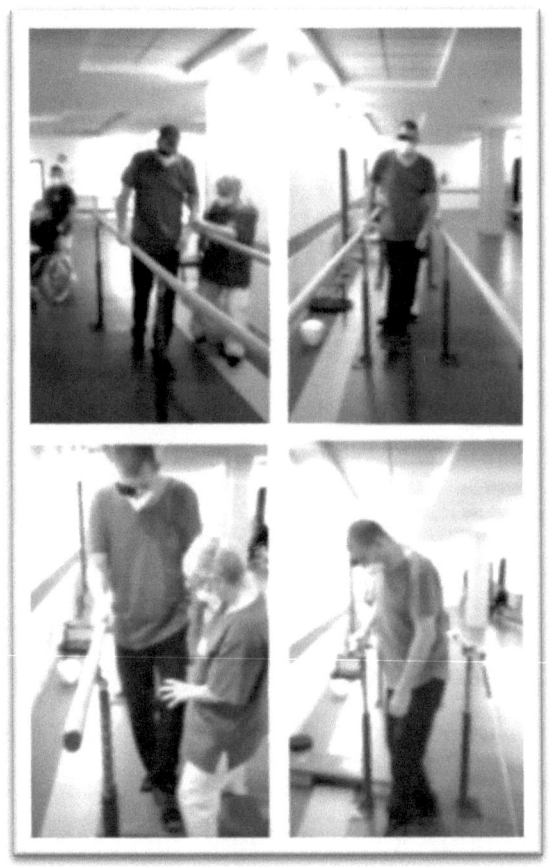

Tägliche Gangschule am Barren mit der Therapeutin Fr. Wierscher

7. Alltag

Meinen Alltag in der Reha kann ich wie folgt beschreiben: morgens um 7:30 aufstehen, ins Bad rollen, etwa 8:00 Frühstück. Um 9:00 dann die erste Therapie, im Halbstundentakt musste ich mit dem Rollstuhl durch die Klinik gurken.

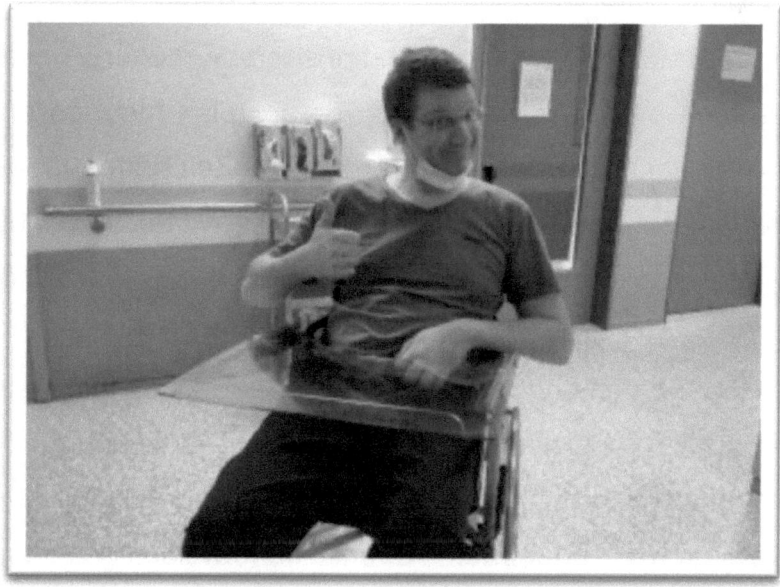

Herr Willms auf dem Stationsflur

„Datt is ävve ne Leeve...!"

Das Gegurke war ein schwieriges Unterfangen, da ich mich ja nicht mit links vorwärtsziehen konnte, sondern nur mit rechts. Aber ich wurde immer geübter mit dem Antrieb und der Handhabung mit dem rechten Arm, dass der anfängliche Rechtsdrall immer weiter verschwand. Trotzdem bin ich des Öfteren gegen einen Türrahmen oder eine Fahrstuhltür gesemmelt. Die Leute haben dann dumm geschaut.

Ok, 12:00 Mittagessen leider auf dem Zimmer, die Mensa war geschlossen wegen Infektionsgefahr. Luxuriös war, dass man meistens, wenn der Therapieplan nicht so eng getaktet war, nach dem Essen noch viel Zeit hatte, um ein Schläfchen zu halten. Und dann ging es weiter bis 16:00. Physiotherapie täglich, fünf Mal die Woche, das war schon gut. Ergotherapie, Logopädie, Aktivitätengruppe, psychologische Sprechstunden, Sehtests, Aufmerksamkeitstests, Gedächtnistest, usw. Langeweile kam nie auf. Logopädie war immer sehr angenehm. Ich bekam von meiner mir zugewiesenen Logopädin Leonie löffelweise gefrorene Wackelpeter-Portionen verabreicht. Zur Sensibilisierung des Mundraumes, der gefühlstechnisch ja auch in Mitleidenschaft gezogen war. Das war lecker, ich durfte mir sogar die Geschmacksrichtung, grün oder rot, aussuchen, Waldmeister oder Himbeere, letzteres war immer meine Wahl. Lecker Farbstoffe.

Und die Großküche hatte einen Eintopf am Start, Hut ab, lecker, den vergesse ich nicht, ein Träumchen, wie Horst Lichter gerne sagt (Abb. 10).

Abb. 10: Der legendäre Reha-Eintopf!

Immer wenn Eva mich besuchen kam, es war immer sonntags 10:00 oder 11:00 Uhr, war die Zeit zusammen schön, wenn sie wegfuhr, kam eine Traurigkeitswolke über mich hinweg gezogen. Sie durfte mich C-technisch nur einmal in der Woche besuchen, nur eine Person. Wer das nicht versteht, muss glauben, in einem Knast zu stecken.

Im Haus gab es einen „Sky Walk" (s. Abb. 10.2), einen gläsernen Verbindungsgang zwischen zwei Gebäude-teilen. Das war mehrmals das Ziel der Physiotherapeuten zwecks Gangschule. Da habe ich auch die ersten Meter gemacht, was war ich da stolz!! Wir haben das sonntags als Ausflugsziel genommen, ich konnte dann Eva mal zeigen, wie ich gehen kann.

Man hatte hier oben einen phantastischen Ausblick, eine schöne Weitsicht auf die gegenüberliegende Rheinseite mit den Schlössern, Burgruinen, und nebligen Wald.

Abb. 10.2: Der schöne Sky Walk...

Ich hatte einen Termin in der hausinternen Rolliwerkstatt auf meinem Tagesplan stehen, dort bekam ich einen Rollstuhl auf dem Papier zusammengestellt, der noch bestellt werden musste. Ich durfte mir sogar die Farbe aussuchen, ich nahm den ähnlichen Farbton froschgrün in Anlehnung an die Farbe von meinem Lieblings-Schlagzeuger Simon Phillips' Schlagzeug in den 90ern, „british racing green". Das dauerte dann etwas länger, er ist mir in herrlichem british-Grün nach Hause geliefert worden. Tolles Teil.

Dann äußerte ich den Wunsch, eine Verlängerung der Reha in Anspruch zu nehmen, was auch prompt genehmigt wurde. Ich dachte anfangs, ich könnte die Reha gesund verlassen, der Gedanke schwand dann mit der Zeit nach und nach, deswegen wollte ich so lange dableiben wie möglich, bis alles weg war.

Treppensteigen klappte nur sehr wackelig, war sicher auch gefährlich, ich sah mich nicht dazu in der Lage, zu Hause die Treppen zu bewältigen. Also Überstunden schieben.

Über Weihnachten und Neujahr gab es die Wahl, entweder hierzubleiben oder nach Hause gebracht zu werden, ich habe mich für die Reha entschieden, da das Zurechtkommen zu Hause nicht funktioniert hätte. Therapiefreie Zeit. Netflix, Internet, Mittagessen, der Afrikaner, der wieder auf der Flucht war, das waren alles Highlights im Alltag des Jahreswechsels. Dann war ja noch mein 47. Geburtstag. Morgens, nach einem dezenten Hinweis meinerseits, versammelte sich vor meiner Zimmertür eine Menschenmenge.

Ich hörte den Tumult aus osteuropäischem Flüstern, Geschubse, Gekicher und Gegacker. Ich musste innerlich kurz grinsen. Klopf- da klopfte es an die Türe, ich öffnete, und da standen sie alle, und trällerten ein mir unbekanntes Geburtstagständchen. Darüber hab ich mich sehr gefreut, das waren sowieso taffe Mädels, die einem Hilfe boten, wo die eigene Scham u.a. dagegen ankämpfen.

Eva besuchte mich natürlich auch, und hat für mich extra meinen Lieblingskuchen, Marmorkuchen, gebacken. Und sie brachte eine Präsentschachtel von Lars & Sabrina mit und wir packten sie gemeinsam aus. Neben lecker Süßkram war ganz unten in der Schachtel eine Dose mit was drin (s. Abb. 11, S.70). Wir öffneten sie gespannt, lugten hinein, was war das? Eine Silikonbrust zum

Trainieren der linken Hand. Danke! Dann ist Eva gegen Mittag wieder gefahren.

Abb. 11: Geburtstagsgeschenk von Lars & Sabrina:
ein Silikontrainingsbrustball, Haptik 4,9...

Mit dem frischen Kuchen fuhr ich bei geschlossenen Mitpatientenzimmern den Gang entlang und hab den diensthabenden Mädels gesagt, ich würde eine Geburtstagsparty schmeißen, nachmittags. Es gäbe superleckeren Kuchen, den Rest müssten sie sich selbst mitbringen. Habt ihr ein Messer hier zum Kuchenschneiden?

Und sie kamen alle, also eigentlich waren es nur zwei, Christinchen aus Lettland/Siegburg und ihre Kollegin und Freundin, die immer ständig kicherte auf der Station. Sie hatte als einzige Person immer einen knallroten Kopf, sie lachte immer wie eine Wahnsinnige, das war schon sehr anstrengend.

Sie freuten sich wie ich, über den Kuchen, brachten mir ein Präsentchen mit, eine kleine Tafel Moser-Schokolade, ich machte Musik an. Ich hatte vom Lars eine Bluetoothbox geliehen bekommen, Motörheads „Run Run Rudolph" (empfehlenswert, mal was anderes als „Last Christmas") sowie Metallica. Kuchen war lecker, Alkoholgenuss war dürftig, ein Stück „Edle Tropfen in Nuss", und alle hätten sich deliriös unterm Tisch wiedergefunden.

Die Gäste verließen dann wieder die Party-Area mit dem Grund, ja Dienst haben zu müssen. „Ja, geht doch", dachte ich, dann ess' ich den Kuchen halt alleine auf und dann mach ich mich an die Komplettsanierung des Zimmers. Ja, meine Party war legendär!

Gut, dann war das Zimmer wieder leer, die Heavymetal-Riffs verklangen, hauaha, noch eine Woche bis Sylvester, das wird eine Durststrecke. Der Entlassungstermin steht fest , am 05. Februar 2021 geht's endlich nach Hause, hab mein Ziel noch nicht erreicht, war vermutlich zu naiv. Aber Entlassung ist ja auch schon was. Die würden mich ja nicht nach Hause entlassen, wenn ich partout nicht zurechtkäme.

Einige Hilfsmittel sind beantragt, elektrisches Lattenrost, verschiedener Kleinkram für den Einhänderalltag, und Eva hat schon in die Wege geleitet, dass die Dusche umgebaut wird zu einer barrierefreien geräumigen Nasszelle - schön, große Klasse!

So dann waren die Feiertage vorbei und es ging endlich weiter mit den Therapien. Ich stellte irgendwann im Januar fest, dass sich meine Optik zum Schlechteren hin wendete, das linke Auge stand immer ein wenig hoch, das bedeutete Doppelbilder.

Ich bekam wieder Stress, hatte Angst, alles gehe wieder von vorne los, und teilte mein Symptom dem Stationsarzt mit. Schwuppdiwupp, hatte ich auch schon in ein paar Stunden einen CT-Termin gegenüber in der Klinik.

Die Zeit bis dahin verbrachte ich mit Therapien, wobei ich dankbar erwähnen möchte, das die Physiotherapeutin Alex aus Erkelenz meine Sorgen, die ich ihr während der Therapie erzählte, teilte, und sich anbot mich in ihrer Mittagspause zum CT-Termin zu begleiten, durch den unterirdischen märchenhaften Tunnel, ich berichtete (s. Abb. 10.2, S.47).

Jedenfalls, es gab Entwarnung! Keine Ahnung, was die Augenfehlstellung ausgelöst hatte, es war auf jeden Fall keine Blutung. Die Fehlstellung verstärkte sich in der kommenden Zeit, wovon ich heute noch 80% habe.

Einmal hat es an meiner Tür geklopft, ein Bote kam herein, und überreichte mir eine Tüte mit Inhalt. Ich erkannte die Tüte sofort, sie war von meinem favorisierten Döner-Center aus L., und drinnen befand sich – oh Wunder- ein vielversprechendes Aluminiumfolienpäckchen. Es war tatsächlich ein lecker Döner, auf den ich schon monatelang verzichten musste. Lars & Sabrina hatten geschäftlich in Siegburg zu tun, und haben mir, bevor es in L. auf die Autobahn ging, einen Döner eingepackt und sind den Umweg nach Bonn gefahren, um mir eine Freude zu machen. Gelungen! Sie haben die wertvolle Fracht unten im Eingangsbereich abgegeben, es war ja C-technisch eher schwierig, Besuche zu machen. Auf jeden Fall hat der Döner mir geschmeckt, wow!

In Schevenhütte wurde ab Mitte November 2020 die Dach-Eindeckung erneuert und weil einmal das Gerüst stand, noch das Haus gestrichen.

Das hatten wir geplant am Anfang des Jahres, wo noch keiner wusste, wo die Reise hingeht, geschweige denn, dass wir überhaupt verreisen. Das Koordinieren war für Eva zu viel, und da hat sich Steffen angeboten zu helfen. Er hat die Handwerker koordiniert, war manches Mal da, um nach dem Rechten zu sehen und hat prima verhandelt. Danke dafür!

Und Lars & Sabrina haben im und am Haus geholfen, Lars hat noch Malerarbeiten verrichtet und den Edelstahl-

Handlauf an der Außentreppe montiert und den Anhänger TÜV-fertig gemacht usw.

Sabrina hat mit Eva gefuhrwerkt und ich hatte Spaß mit den Therapeuten, ich war in Einzelhaft, ganz weit entfernt. Vieles, was getan wurde, habe ich ja gar nicht mitbekommen. Sabrinas und Lars' Hilfe waren Gold wert, sowie Steffens auch. Danke euch Dreien dafür!

Am Freitag vor der Heimfahrt, bevor die Therapeuten ins Wochenende starteten, habe ich meinen Therapeuten merci-Schokolade, die Eva auf meine Bitte hin besorgt hat, hinterlegt, mit ein paar Dankeszeilen meinerseits. Die haben sich gefreut wie Bolle. Das Gleiche oben auf Station, die Freude war groß. Die Physiotherapeutin Alex kam sogar hoch zu mir auf die Station, um sich zu verabschieden. Wie man in den Wald hineinruft, so schallt es heraus. Alles richtig gemacht. Ich denke, ich habe mich dort überall benommen, nur die Raserei mit dem Rolli und dem Rechtsdrall kann man mir ankreiden. Es finden sich sicherlich die eine oder andere Macke in irgendeiner Wand oder eine Delle in einer Fahrstuhltüre.

Machste nix..!

Ich bekam auch zu Beginn der Reha eine Verordnung für eine Peroneusschiene, ein Hilfsmittel, was die Fußspitze beim Gehen üben anheben soll. Mein Fußhebermuskel hat auch seinen Dienst quittiert. Es ist enorm, wie wichtig dieser Muskel am Schienbein ist; wenn man einen Schritt macht, und die Fußspitze bleibt am Boden hängen, kann das schon mal böse enden.

Witzig ist, ich habe den Begriff „Peroneusschiene" ins Handy in google-docs diktiert, heraus kam bei der Sprach-Erkennung: "Perrine aus China".

Mars, wir kommen!

8. Dahoam is Dahoam

Am Montagmorgen 8:00 des 05. Februar 2021, war es dann soweit. Ein Fahrer kam mich und meine große Tasche abholen, und dann ging es durch den großen Haupteingang zum Transporter. Rolli rein, Tasche rein, Hilmar rein, passt. Das war schon aufregend, nach 16 Wochen nach Hause zu kommen. Es dauerte nicht mehr lange, aber es beschäftigten mich noch ein paar Sorgen, unter anderem: wie komme ich klar zu Hause? Wie wird es weitergehen? Ich enterte also den Bringdienst-Bus und wurde nach Hause gefahren. Die schnelle Fahrbewegung beim Autofahren bekam mir nicht, ich war ja schon monatelang entwöhnt, es kann aber auch an meinem linken Auge gelegen haben. Auf jeden Fall habe ich auf der Autobahn die Augen geschlossen, was ein gewisses Maß an Vertrauen dem wildfremden Chauffeur gegenüber voraussetzte. Wir bogen in unsere Straße ein, und ich erwartete eine Empfangskapelle, Menschen mit Hurra-Rufen, Fähnchen wedeln, Hüte-in-die-Luft-werfend, wenigstens ein Bierstand, aber nichts, keiner hat gemerkt, dass ich heimkomme. Aber Eva und die Kinder standen unten an der Einfahrt und empfingen uns. Mit Hilfe ausgestiegen, Rolli raus, Gepäck raus - und Tschüss - weg war der Bus. Auf geht's, jetzt waren wir auf uns alleine gestellt. Erstmal die Treppe hoch, langsam und staunend Lars' handwerkliche Künste am neuen Edelstahlhandlauf bestaunend, durch die Haustür und auf den Rolli gewartet. Als die Jungs ihn hochgebracht haben, hinsetzen und „Zu Hause" wirken lassen. Hach, was war das schön, endlich wieder da zu sein. Und schon kam Finni schwanzwedelnd, um mich zu begrüßen. Zum Abendessen durfte ich mir was wünschen, Döner aus L., war ja klar!"

Abb. 12: Der Meister zu Hause!

Als ich ihn vor mir liegen hatte, kam ein Gefühl von vergangenen Zeiten in mir auf. Ich habe ein Foto gemacht, Hilmar und sein erster Bissen Döner zu Hause, aber leider finde ich das Foto nicht mehr, vielleicht auch ganz gut so, dieser irre Blick, beängstigend. Eva zeigte mir das Bad, wie und was alles geplant sei, ich hatte die Planung ja nur auf Fotos begleitet. Sonst alles beim Alten, neues Dach drauf, Farbe draußen an der Wand, sieht gut aus.

Die erste Nacht zuhause muss ich gut geschlafen haben, ich kann mich nicht mehr daran erinnern.

Ich kam daheim gut zurecht. Gottseidank haben wir viel Platz, dass ich mit dem Rolli durch die Zimmer gurken kann, ohne irgendwo anzuecken oder gegenzukommen. Nach einigen Tagen kam der elektrische Lattenrost, was mir helfen sollte, mich im Bett aufzurichten. Beinteil kann man auch verstellen, sowie die Liegehöhe. Habe öfters Spaß gehabt, dass Teil bis gefühlt fast unter die Zimmerdecke zu fahren, dann kam Eva rein, und wunderte sich. Es hatte etwas Hebebühnen-eskes. Wollte ich schon immer mal haben, sowas. Die Spielerei hat aber schon deutlich nachgelassen, das Neue ist weg und man wird alt.

Badewannendrehsitz, auch ein tolles Hilfsmittel, wenn man eine Badewanne hat. Hatten wir, -noch-, sie sollte im Zuge der Badumgestaltung rausfliegen.

Das war also eine Sitzschale, die mit einem Rohrgestell auf den Badewannenrädern fixiert wurde. Dann konnte man ihn um neunzig Grad verstellen, sodass man sich auf die Schale setzen konnte, dann drehen und schon saß man oben auf Höhe des Badewannenrandes und konnte sich abbrausen.

Ein vorhandener Duschvorhang war da Gold wert.

Heute klappt das super in unserer barrierefreien Dusche (2m x 1,40m), wo ich auch Platz genug mit dem Duschrolli habe. Irgendwann wurde auch der froschgrüne Rolli geliefert, den ich mir ja in Bonn habe aussuchen dürfen. Der Lieferant eines Bonner Sanitätshaues riet mir, mal über einen Elektro-Antrieb nachzudenken (siehe Abb.12). Den hat mein Neurologe mir dann verschrieben, nachdem ich drüber nachgedacht habe, und seither flitze ich mit Elektro-Unterstützung durch die Bude. Ich bin anfangs im Rausch der Geschwindigkeit, es könnte auch an den

Doppelbildern gelegen haben, gegen unsere Türrahmen gesemmelt, das war nicht mehr feierlich. Zum Glück bestehen Rahmen und Türen aus massivem Eiche-Holz, sonst hätte ich schon längst aus unserem Haus Kleinholz gemacht!

Merke: Eiche ist stabiler als Spanplatte!

Abb. 12: Spaziergang/-fahrt mit allemann und dem E-Rolli

Zu Hause hab ich erstmal Therapeuten gesucht, die auch Hausbesuche anbieten. Ich sollte 2-3 x Physiotherapie, 2 x Ergotherapie und 1x die Woche Logopädietherapie bekommen. Ich habe auch drei tolle Therapeutinnen gefunden, die mir mittlerweile sehr ans Herz gewachsen sind.

Am 10. Mai 2021 hatten wir einen Termin beim Prof. Sure in Essen zur Halbjahreskontrolle. Eva fuhr uns dahin, mussten noch einige Zeit warten, und dann begrüßte uns Herr Professor Sure in seinem Büro. Testete viel, fragte mich viel, was geht, was geht nicht, usw. Er fragte mich auch, ob ich mich so wieder entscheiden würde, mit meinen Erfahrungen bis dato, wenn ich gewusst hätte, was auf mich zukommt. Ich antwortete ihm mit einem eindeutigen "Ja!", obwohl das nicht das Angenehmste war, was ich erlebt habe und noch erlebe.
Er sagte dann noch, wenn ich mich nicht zu einer OP entschlossen hätte, wäre ich heute vielleicht schon tot. Das wiegt schwer und macht sehr nachdenklich, wenn man sowas gesagt bekommt.

Zu meinem Stand der Genesung erklärte er, von allen Operierten ginge es dreißig Prozent besser als vor der OP, dreißig Prozent gleich, und dreißig Prozent deutlich schlechter als vor der OP. "Sie gehören leider zu dem letzten Drittel!" -Bääm- Was für Aussichten, möchte man denken.

Aber man muss es deutlich sagen, wenn wir nicht den Essener Professor gefunden hätten und nichts unternommen hätten, wäre ich vielleicht schon tot oder vielleicht schwerstbehindert. Eigentlich geht es mir gut, mobilitätstechnisch eher nicht so, aber ohne die lähmende Angst im Leib, es könnte ja wieder was platzen, aber dann richtig. Auch meiner Familie ist die Angst genommen worden. Das vergisst man schnell. Aber ich greife meinem „Fazit" voraus, dem letzten Kapitel Nr. 9.

Das aktuelle MRT, was ich aus der Eschweiler Radiologie mitgebracht habe, betrachtete er intensiv, „Alles in Ordnung".

Er zeigte uns nach mehrmaligem Fragen seinerseits, ob wir das wirklich sehen möchten, Fotos von der OP-Wunde. Mehr als einen glibbrigen grau roten Schamodder konnte man nicht erkennen und den Zugang am Schädel-

Hinterkopf, der war natürlich nix für schwache Nerven! Wenn ich so die Sachen Revue passieren lasse, muss man sich schon ein manches Mal wundern, was medizinisch alles möglich ist. Früher hätte man mir eine Flasche Hochprozentigen eingeflößt, den Beißstab zwischen die Zähne gesteckt und los mit allerlei Handwerkszeug. Überlebenschance gleich null. „Herr Willms, denken sie an ihr letztes Kapitel, das wird immer kürzer!" Oh, die Stimme aus dem Off.

Wir sollten die ersten halben Jahre nach der OP immer zur Kontrolle kommen, also im Herbst 2021, das haben wir ausfallen lassen, weil in Eschweiler durch die Hochwasserkatastrophe die MRTs abgesoffen sind.

Ok, Termin machen , 05.07.2022 in Essen, Prof. Sure.

Das war diesen Sommer. Wir also dahin, mit ein paar frischen, noch lauwarmen MRT-Bildern unterm Arm.

Er schaute es sich wieder ganz genau an, und meinte "Alles in Ordnung!".Er erklärte uns, dass die Besserung erfahrungsgemäß nach zwei Jahren stagnieren würde. Es sei so schnell keine Verbesserung meines Zustandes in Sicht. Mein erster Gedanke war „Jetzt erst recht!", der Zweite und Dritte auch. Ein wenig niedergeschlagen waren Eva und ich auf dem Heimweg schon, obwohl wir ja bis dato festgestellt haben, dass sich schon ein Fortschritt bemerkbar macht, nur extrem langsam. Aber so etwas von jemandem zu hören, der richtig viel Ahnung davon hat, tut einem schon weh. Wir lassen uns aber davon nicht entmutigen, im Gegenteil: "Jetzt erst recht!". Positive Rückmeldungen bekam ich auch von meinen Therapeutinnen, und die stehen ja nun wirklich an den Orten des Geschehens in vorderster Front und haben ihre Erfahrungen; positiver Zuspruch kam und kommt manches Mal. Danke dafür!

Wir brauchen nun alle zwei bis drei Jahre nach Essen zur Kontrolle zu kommen. Mein Wunsch ist es, ohne Rolli in sein Büro zu stiefeln, dass wollte ich dieses Jahr schon machen. Von der Kraft her hätte es auch sicherlich funktioniert, aber die Nervosität wirkt doch übelst auf den Bewegungsapparat ein. Außerdem hätte ich den Rolli dann sicherheitshalber vor seiner Bürotür geparkt, dann kann ich auch hineinfahren.

Ein Augenarzt, den meine Mutter zu Beginn meiner Heim-kehr gefragt hatte, ob er mir mit einer Akupunkturbehand-lung bei den Doppelbildern helfen könnte, sagte zu und kam ab Frühjahr 2021 immer ein Mal im Monat aus Köln. Er ließ sich die Behandlung fürstlich vergüten, es war in Ordnung, meine Mutter zahlte die Rechnungen,- danke dafür.

Es wurde immer unangenehmer, mit jedem Besuch wurde ich scheinbar schmerzempfindlicher, zumindest die rechte Seite; im Gesicht um die Augenhöhlen, auf der Stirn, auf der Kopfhaut, am Unterschenkel und unter der Fußsohle positionierte er die Nadeln. Hui, das war teilweise schmerzhaft... Dann sollte ich mich eine halbe Stunde aufs Sofa legen und entspannen, abschalten, schlafen. Er saß am Esstisch und wartete die 30 min ab, um die Nadeln zu entfernen. Er war sehr optimistisch, was die Dauer der Augenfehlstellung anging, das dauert keine zwei Jahre.

Ich konnte nicht entspannen, gar einschlafen, da saß eine fremde Person in unserem Haus, und außerdem war Finja in meinem Büro eingesperrt und war ganz alleine. Aufstehen konnte ich auch nicht, geschweige denn mich bewegen, ich wäre unbeabsichtigt an eine Nadel gekommen und hätte mir fies wehgetan. Ein, zwei Tage war es wirklich besser mit den Doppelbildern, die restlichen Wochen, bis er wieder kam, schlechter. Ich entwikkelte eine Abneigung gegen diese Behandlung, und irgendwann kam er nicht mehr, er rief sonst immer an, um einen Termin abzusprechen. Ich dachte mir mit jedem verstrichenen Tag, oh wie schön, eine Galgenfrist. Nach 6 Monaten schrieb ich ihm dann doch eine Email, das ich keine Behandlung mehr möchte.

Worauf er prompt antwortete, ich sei ihm dadurchgegangen. Er könnte eh nicht mehr kommen, da er in Rente sei und in Köln nur noch eine Handvoll Patienten behandeln würde. Am Schluss der Email meinte er, das mit der Augenfehlstellung dauere manches Mal zwei bis acht Jahre, Bamm !

Es gab auch schöne Zeiten, wenn Lars & Sabrina zu Besuch waren, wurde das Grillfass angeschmissen, die Grillstahlplatte (Plancha) daraufgelegt und lustig drauflos gegrillt (s. Abb. 13, S. 88).

Da machte unserem Grillmaster auch ein Wolkenbruch epischen Ausmaßes nichts aus, holla die Waldfee.

Eva hat meinen Rentenantrag komplettiert, den ich schon mal begonnen hatte, erfolgreich, ich bin voll erwerbsgeminderter Rentner, sowie zu 80 Prozent behindert.

Abb. 13 oben: Lars' Hilfe beim Gehen üben

unten: Lars' Hilfe beim Planchen

9. Fazit

*Ein „**Fazit**" (['faːtsɪt], von lateinisch facit, es macht, es ergibt'; Mehrzahl: Fazite oder Fazits) oder "Resümee" bzw. in der Schweiz "Résumé" (vom französischen "résumé", das wieder Vorgenommene') ist eine Textsorte bzw. ein Bestandteil eines Textes, der im Regelfall am Ende eines Fachartikels, sonstigen Schriftsatzes oder einer Rede steht. Es handelt sich um eine Zusammenfassung, in der meistens ein Ergebnis präsentiert wird und daraus Schlussfolgerungen gezogen und Bewertungen abgeleitet werden.* (Quelle: wikipedia)

Das Fazit muss noch ein Weilchen dauern, ich bin ja mitten in der Genesung bzw. Rekonvaleszenz, mitten in der Geschichte. Ich weiß nicht, wie sie enden wird, niemand kann uns das sagen, auch nicht die Essener Spezialisten. Wo stehe ich heute? Halbzeit? ¾ oder ¼? Keine Ahnung. Aber eins kann man sagen, das war nicht das Endspiel!

Ich habe „Glück im Unglück" gehabt. Das Problem dümpelt nun im Uni-Keller in einem Glas voll Formaldehyd herum, das Team um Prof. Sure hat ihr Bestes gegeben, um mir das Leben zu retten. Danke dafür.

Es ist nicht einfacher geworden, mein und unser Leben, aber es ist angstfreier.

Nein, einfacher ist es nicht geworden, auch für Eva nicht: Vollzeitjob mit allen bekannten Extraarbeiten, das Haus, die Jungs.

Obwohl man es ganz deutlich sagen muss, auf die Jungs ist Verlass. Sie haben jetzt den Führerschein BF17, und wir, also ich mit ihnen als Begleitperson, fahren öfters einkaufen. Dann stiefeln die Jungs durch den Supermarkt mit der Liste, und kaufen alles ein.

Sie kennen sich aus, Hundespaziergänge und Dinge im Haushalt erledigen sie auch zuverlässig, genauso wie die Leistungen in der Schule, Respekt, in einem halben Jahr ist Abitur! Auch hier Danke für Eure Hilfe!

Wir haben glücklicherweise eine Putzfee, Petra S., sie hilft uns im Haus enorm, leider ist sie momentan außer Gefecht gesetzt, Operation, von hier aus gute Besserung und danke für deine Einsätze!

Dank der Therapeutinnen Maike R., Julia S. und Silke R. haben die Therapiestunden ein manches Mal psychotherapeutische Wirkung. Ich kann ihnen vieles erzählen, wobei sie immer zuhören und auch einen guten Rat auf Lager haben. Betrachtungsweisen von außerhalb sind Gold wert, die Perspektive macht's aus, die sollte man ab und an wechseln. Das tut gut, danke euch!

Und da ist dann die Frau B., Psychotherapeutin, die während unserer Gespräche mir einige Denkanstöße gegeben hat, enorm. Danke.

Meiner Mutter gebührt auch ein herzliches Dankeschön für ihre Hilfen, Sorgen teilen und Ideen.

Und Eva nicht zu vergessen, sie gibt alles, ist am Belastungslimit, sie ist eine starke taffe Frau! Ohne sie ginge gar nichts, ich danke dir und liebe dich!

Und Bekannte und Freunde…

Damit das hier nicht zur Dankesrede ausufert, - obwohl es gibt Dinge, die müssen mal gesagt werden -, muss ich mir jetzt noch ein paar Gedanken machen in Punkto Fazit.

Ich bin nur froh, dass ich noch lebe. Ich habe mir meine Endvierziger Jahre, meine Zukunft, unsere Zukunft, anders vorgestellt, ich hätte gerne unter anderen

Umständen meine Jungs erwachsen werden sehen. Aber es gab ja auch Zeiten, da war ich zehn Jahre zu Hause und habe damals die Jungs beim Großwerden beobachtet. Jede Zeit ist anders.

Ich muss auch oft an meinen verstorbenen Vater († 2018) denken, er hatte die linke Hand mit sieben Jahren verloren. Ich kann seine Einschränkung jetzt ein wenig nachvollziehen mit meiner inaktiven linken Seite. Er hatte Kniffe und Tricks drauf, konnte sich mit einer Hand meistens helfen. Für uns war das damals ganz normal; er hat immer erzählt, er habe im Orient Apfelsinen geklaut und sei erwischt worden.

Wenn meine Spielkameraden diese Antwort auf die Frage, was das denn da ist (Armstumpf), bekamen, wurden ihre Augen schon mal etwas größer und es wurde bange geschluckt.

Die Beziehung zu Eva leidet auch unter meiner Situation. Wir sind oft gereizt, nervlich angespannt, belastet, dann ist schon mal Gewitter, selten aber ja. Ein Gespräch ist wie ein Gewitterregen, es reinigt die Luft. Jeder von uns hat Probleme, sie genauso wie ich, dass es dann mal rappelt im Karton, ist, denke ich, ganz normal. Wichtig ist nur reden, sprechen.

Womit beschäftige ich mich in letzter Zeit?

Ich war, als Eva mit den Jungs 4 Tage an der Nordsee war, weil sie einen Tapetenwechsel brauchten, sehr fleißig und habe das Wohnzimmer umgeräumt. Es ist enorm, was der Rollstuhl für eine Kraftübertragung hat, Fuß raus, vorwärts fahren, Sofa verschieben, fast wie ein Bulldozer. Ich habe mir einarmig einen Wolf rangiert, aber es hat funktioniert, und da bin ich sehr stolz drauf. Positiv war auch, dass es den Urlaubern bei der Heimkehr auch gefallen hat, gottseidank.

Nur Finja war etwas verwirrt, da ihr Sofa jetzt an einer anderen Stelle steht als vor einigen Tagen, nuja!

Dann haben wir eine klasse Außentreppe mit beidseitigem Edelstahlgeländer bauen lassen, so dass ich nach oben zu unserer Gartenhütte komme und zurück, ohne die direkte Hilfe von Eva oder den Jungs in Anspruch zu nehmen. Es war vorher ein Weg mit ordentlicher Steigung, da war es fast unmöglich für mich, hochzukommen.

Dann war ich im Oktober '22 in der Fahrschule. Steffen

hatte gefragt, ob ich mir einen Besuch samstags, wenn Modulschulung ist, zutraue. Nur zum Gucken.

Das habe ich dann gemacht. Eva hat mich hingefahren, Steffen nachher zurück. Die Kollegen Michaela S. und Claus B. waren auch da, die Beiden habe ich gute zwei Jahre nicht mehr gesehen. Natürlich war ich nervös zu Beginn, aber es hat gutgetan, es gemacht zu haben, und ich habe einen Moment auf zwei meine Lage vergessen. Mann, das war wie in alten Zeiten.

Wie geht es mir heute?

Erst positiv formulieren: Gut!

Kleine Einschränkungen folgen: Die Augenfehlstellung hindert mich aufgrund der Doppelbilder (siehe Abb. 9, S.49) häufig daran, sicher zu gehen. Ich muss mich dann immer an der Wand oder Sonstigem entlang hangeln.

Wenn das Auge gut steht, macht es fast Spaß zu gehen, dann traue ich mir mehr zu. Meine linke Seite kribbelt komplett von innen und ist heiß, obwohl sie noch gefühllos ist. Da arbeitet es in mir, stelle ich mir dann vor.

Das Bein fühlt sich an wie ein Holzbein, so muss sich Jim Knopf gefühlt haben, armer Kerl. Meine Fußstellung spüre ich nicht, besonders fatal kann dies auf einer Treppe sein, darum immer nach unten schauen. Gehen funktioniert immer besser, ich benutze in letzter Zeit einen Stock, der gibt mir Sicherheit, falls das Auge wegdriftet. Er lässt mich fühlen, wo der Boden ist. Treppen sind kein Problem, nur einen Handlauf brauche ich zwingend. Die Bewegungen gehen natürlich alle sehr langsam vonstatten, aber es funktioniert. Nach einigen Metern bin ich körperlich und geistig erschöpft, körperlich wegen der Anstrengung, geistig wegen der Konzentration. Ich muss ja so einiges koordinieren, immerhin bin ich zwei Meter groß.

Es ist schier unglaublich, was der Mensch alles unbewusst kann, das stelle ich immer wieder fest. Der linke Arm hängt meist unbeteiligt an der linken Schulter, es sei denn, es schießt die Spastik ein, eine erhöhte Muskelanspannung, eine Fehlsteuerung des Gehirns, dann verschränkt er sich vor meiner Brust.

Dann fühle ich mich sehr unwohl, ich schäme mich dann dafür, aber wozu? Da muss ich noch dran arbeiten, es gibt so vieles zu tun…

Gut, mir geht es gut! Das meine ich ernsthaft!

Man ist so schnell beeinflusst von seinen negativen Gedanken (Scheisse, das geht nicht, klappt nicht, ist doch alles Mist!), es zieht einen unbewusst runter. Deswegen fing ich die Antwort auf die Frage, wie es mir geht, positiv an. Ich versuche, es zu beachten!

Noch ein bemerkenswerter Hinweis von Gunvor, das war damals schon in der Reha: ich solle mir abends im Bett, wenn der Tag nicht so zu meiner Zufriedenheit war, drei Dinge überlegen, die positiv, gut, schön waren. Die bleiben nämlich haften, genauso, wenn man mit Groll im Bauch schlafen geht. Das muss nicht sein.

Abb. 14:Familie

Das Wichtigste ist es, eine intakte Familie zu haben, die einem Rückhalt gibt, Verständnis, Liebe. Das könnte das Fazit sein, der ganze Rest ist nur Beiwerk. Ich habe mich selten so integriert gefühlt wie in der letzten Zeit. Das liegt an meiner tollen Familie und den Menschen um mich herum.

So beende ich mit diesen Zeilen meine Schilderung des Erlebten, und danke dem Leser, dass er sich die Zeit zum Lesen genommen hat. Es hat mir wahnsinnig viel Freude bereitet, die Geschichte niederzuschreiben. Und, ja, wer weiß, was alles noch passiert, wie sich alles entwickelt und fügt, vielleicht gibt es dann auch einen Band II..., dann flieg' ich aber nicht aus der Kurve!

Hilmar Willms
im Okt./Nov.2022

10.Chronologisches

01.03.2018	Todestag meines Vaters
08.2018	Urlaub in Wutöschingen
14.08.'18 - 20.08.'18	Diagnose Rhein-Maas- Klinikum Würselen
24.08.'18 - 05.10.'18	Reha im NRK in Aachen
10.09.'18 - 11.09.'18	während Reha Symptome Rhein-Maas-Klinikum Würselen
08.11.2018	Gesprächstermin UK Düsseldorf
15.04.'19 - 23.04.'19	Familientreffen Norderney
27.05.'19	Finja wird geboren
28.07.'19	Finja kommt zu uns
13.12.2019	Gesprächstermin UK Essen, Prof. Sure
13.09.2020	weitere schwere neurol. Symptome in der Hundeschule
14.09.'20 – 17.09.'20	Selbsteinweisung im Rhein-Maas-Klinikum Würselen Zwischenstation In der UK Aachen
21.09.2020	konkretes Vorgespräch für die OP in der UK Essen, Terminvergabe
06.10.2020	1. Operation (Aufenthalt UK Essen 05.10.'20 – 15.10.'20)

29.10.2020	2. Operation (Aufenthalt UK Essen 26.10.'20 - 5.11.'20)
15.10.'20 - 26.10.'20	Reha Bonn Godeshöhe
05.11.'20 - 05.02.'21	Reha Bonn Godeshöhe
05.02.2021	Heimkehr

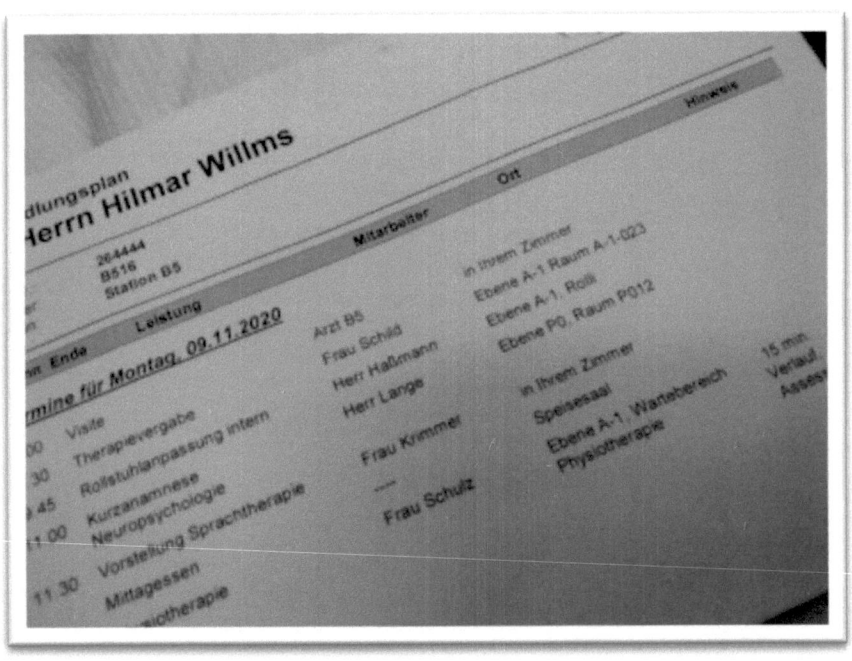

Therapieplan, einer von ca. 120